當然可以不生氣

50個簡單策略讓你擺脫負面情緒

暢銷心靈作家 何權峰 著

暢銷增訂版

高寶書版集團

〈作者序〉

當然可以不生氣！

何權峰

假設在公車上有人踩了你一腳，你會作何反應？

你可以報以微笑，表示沒什麼大礙；你也可以說聲「沒關係」，表示接受對方的道歉；或者你也可以怒目相視，說：「你是沒長眼睛嗎？」然而多數人碰到這種情況，都會覺得別無選擇，非發脾氣不可。

過去二十年，我參加過無數研討會，也寫了許多有關心靈成長和勵志的書。既然我受過專業訓練，同時又寫過那麼多書，在處理人生問題時，我似乎應該勝過一般人。

但說來慚愧！當事情進展不順利時，我也會挫折；遇到厭煩的人，我同樣感到不耐；有些負面情緒仍揮之不去，甚至莫名被踩了一腳我也會不高興。

沒錯，我有專業技巧可以助人，但是自助又是另一回事。原因在於處理個人問題時，因涉及個人情緒會變得比較不客觀。

還記得多年前，我的人生陷入低潮，那時我抱怨環境、厄運、別人。後來，我反躬自省才驚覺，我忘了自己擁有的自由意志。縱使，我不能掌控每件事情，我依然可以自由地選擇自己面對事情的態度。

從寫作的反思讓我領悟到，是那段日子，讓我學到了處理困境的方法，同時成長最多。

曾有人問我：什麼叫做「成長」？當心靈的智慧開啟了，就是成長。有了智慧，我們才知道如何免除人生的煩苦。

所以，我的工作不是要除去你的問題，而是提供你可用的技巧，來為自己的生活負責。

激勵和幫忙不同。如果人們餓了，你可以給他們食物，暫時幫忙他們；但如果你教他們自己獲得食物，並能自給自足，你激勵他們的力量，那才是根本之道，而不是反覆從問題中解救他們。

本書是我個人見解，關於為什麼事情會出錯，和可能的解決之道。我不會多談我的困境，而會強調我從中學到的經驗。我不會假裝是萬事通，如果你正面臨類似的狀況，我相信你會從本書中發現一些有用的見解。就像被人踩了一腳，當你發現對方是個瞎子，或學會了笑看人生，你會作何反應？

你當然可以不生氣！

目錄

PART 2——生活可以用心，但不必多心

PART 3——低頭有勇氣，抬頭有志氣

目錄

PART 4——放飛心情，放空自己

PART 5——在心田種花，不是一直拔草

PART 1

難過，笑笑就過

痛苦是必然的，人生誰能躲過，
但要不要繼續折磨受苦，卻是可以選擇的。
你可以選擇不必讓它成為終身的折磨。
用幽默的心情，看待惱人的事情。
你會發現，煩惱變小了，世界卻變大了。

十年後我還會在乎這件事情嗎？

面對問題時，要平心靜氣，要客觀超然、大而化之。這些道理說來簡單，做起來並不容易。但多次的經驗讓我們得知，許多原本看起來很不得了的事件，或可能變成很嚴重的問題，等到事過境遷後，我們再回想起這件事，經常會有：「其實也沒什麼大不了嘛！」的感覺。

你是否有過類似經驗，當時你真是氣炸了——你的車子被刮、輪胎被洩氣、被反鎖在門外、店員態度惡劣、朋友約會不準時、孩子把飲料打翻或是先生、太太又忘了你交待的事……等等，而今呢？你還氣嗎？

再回想一下，幾年前發生在你身上的大事，不管是情人變心、考試搞砸、生病住院、做錯了決定或是受騙上當、遭人誣陷……，當時你憤慨、悲傷、沮喪、充滿著無力感；你哭過、喊過，好像天要塌下來了。然而在多年之後的今天，回顧過往，是不是淡然許多，甚至早已忘了？

俗話說：「時間可以治癒一切。」時間真的可以幫我們沖淡一切嗎？不，事實上，**時間並沒有改變什麼，它不能改變任何既成的事實和結果，你之所以釋懷，是因為你改變了**——也許是時間讓你變得不同，也可能是你的想法和觀點變了。

時間並不是主要的關鍵，重要的是你。你之所以需要時間來把事情淡忘，是因為每當問題發生時，你總是「太入戲」；你是那麼的激動，整個人像著魔似的，根本沒空讓自己冷卻下來，所以時間是需要的。

但是，如果你能當下就釋懷；如果你能在事件發生不久就看開、就想通、就把它放下呢？那時間就不需要了。

經常我們都把自己搞得又氣又惱，因而沒有發現，許多時間和精力是浪費在為一點小事爭鬥、為一點小利計較。試著拉長時間看事情，並這樣問自己：「十年後我還會在乎這件事情嗎？」你想像十年後自己的感覺，再想想現在的自己，你會如何看待今天遇到的問題？它很嚴重嗎？它對你的生命造成什麼影響？它會造成什麼改變？你以後還會記得它嗎？

這個方法十分有效，就像你把手拿遠一點，視線就不會被遮住；當你把事情放遠來看，問題就會顯得十分渺小；你就會發現，其實也沒什麼大不了！

找找看，這件事有什麼好玩的地方？

發現一件事好玩和發現一件事令人挫折的唯一差別只在「時間」。

某次朋友聚會，席間聊到體重的話題，一位發福的朋友說了自己的遭遇。有天，他到書局閒逛，正要離開時，沒想到店員把他叫住，要他打開外套，原因是店員看到他的「鮪魚肚」，懷疑他裡面有藏東西。他當時既生氣又困窘，可是不久之後，他竟把這件事當笑話說給大家聽。

記得女兒三歲時，有次回奶奶家，大夥在樓下聊得正起勁，突然想起女兒呢？幾個人到二樓房間一看，當場傻眼，她把奶奶的乳霜整瓶都挖出來，不但抹得滿臉，還塗得化妝臺、地板都是。當時她滿懷愧疚，可是等到她十三歲的現在，這件事成了她最愛提的陳年往事。每次提起這件事，大家都開懷大笑。

你說是不是？**當事隔一段時間以後，原本咒罵或抱怨的事，很可能變成一**

則「**笑話**」。

「如果這件事一點都不好笑呢？」

那就去找找看：這件事有什麼好玩的地方？

比方說，約會的經過越禍不單行、旅遊的過程越不順、被騙的經驗越離譜、規劃好的事越出狀況、音樂會越無聊、辦事員越刁難、服務生越粗魯、醫生越笨拙、學生越調皮、朋友說話越誇張、先生或太太越多毛病、出的糗越大……等等，以後你把它們當作笑話來說，就越精采有趣，不是嗎？

有人也許會懷疑：「在事情發生的當下，怎麼笑得出來？」

這問題說出了重點，這也就是為什麼要大家學習幽默。

某天，一對夫妻吵架，太太一氣之下把衣服整理整理，拿了就說要離家出走，還說這個家她再也待不下去。這時，先生說話了，他說：「好啊！這個家我也待不下去了，我們一起走吧！」太太一聽，先是愣了一下，之後夫妻倆就開開心心地結束這場無謂的爭吵，進屋去了。今天換作別人可能會回那位太太說：「好啊！去啊！走了就別再回來！」這樣不但事情沒解決，反而越弄越糟。

幽默就像為嬰兒換尿片，雖不能一勞永逸解決問題，但能改善問題，讓嬰兒停止哭泣，甚至破涕為笑。

以色列的獨眼龍議員戴揚，被其他議員恥笑：「你只有一隻眼睛，又怎麼能看清楚預算呢？」沒想到他不但不生氣，還笑笑說：「我這隻眼睛，用來看帳目，才一目了然啊！」一句話，讓在場的人都笑翻了！

一八一四年，法國大將軍陶梅尼在前線打仗時，被敵軍的炮彈轟斷了一條腿。他出院返回部隊後，每天幫他擦皮鞋的勤務兵，看到將軍斷了一條腿，嚇得哭了起來！「你哭什麼？」陶梅尼將軍笑著說：「以後你只要擦一隻皮鞋就可以了，這樣不是很好嗎？」

當我們把焦點都放在「好的」一面；把注意力放在「這件事有多好玩（或好笑）」，而不是放在「這件事有多糟」時，問題已經解決了一半。

用幽默的心情，看待惱人的事情。你會發現，煩惱變小了，世界卻變大了！

這就是幽默的力量。

試著對迎面而來的人微笑

你猶豫要對迎面而來的人做何表情嗎？

「到底要笑呢，還是不笑？」、「如果笑了，對方卻板著臉，那不是很難堪嗎？」躊躇之間，對方早已跟你擦身而過。**其實對方笑不笑有什麼關係，因為那笑容是你的，快樂的人也是你，你有任何損失嗎？**

前幾年，在美國、日本還興起一種補習班，叫做「微笑補習班」。許多人繳費去學習微笑。想想，嬰兒出生後不久，無需任何教導，便會笑，但當我們長大後，反而「笑不出來」，這不是很好笑嗎？

有位令我印象深刻的「老病人」，臉上總帶著微笑，到病房來的護士也常被她逗笑。有一次，我忍不住問她：「妳怎麼能常保微笑？」

聽了我的問題，她笑得更開了，說：「當你到了我這般年紀，回顧過去，你會發現自己有太多時間都浪費在無關緊要的事情上。現在我七十幾歲了，再也不在乎兒子是不是又忘了把浴室燈關上，或我丈夫的成就、收入不如人。我已知道，人生啊！活得快樂最重要！」

就像一位老人看著小孩嬉戲，無論小孩把自己的遊戲看得多認真，老人都會覺得有趣、好玩。我們應該學習用同樣的方式「笑看人生」。

微笑不必花你一毛錢，獲益卻難以估計。業務員和店員說，當他們面帶笑容時，生意都比較容易成交；在醫院裡，病人發現，會笑的護士比不會笑的讓他們康復得更快；在職場上也發現，愛笑的主管比繃著臉的更深得人心。

凱莉曾是個不受歡迎的主管，讓她手下員工討厭的，並不只是她「高高在上」的態度，更引起眾怒的是，她總是一副盛氣凌人的樣子。大家對她都恨得牙癢癢！

「某天，有個員工該做的事又沒做，這已經不知道是第幾次了，我正按捺不住要破口大罵的時候，」凱莉告訴我：「我深深吸一口氣，然後對他微笑。」

「然後呢？」我好奇地問：「那員工有什麼反應？」

「嗯，說來有點彆扭，我當時對那個員工說：『沒關係，以後改進就好！』我真不敢相信這是我說的話。神奇的是，我笑了，他也笑了。從此以後，他像變成另外一個人似的，再也不用我操心。」她以微笑代替生氣，反而獲得更好的效果。

就像心理學家威廉·詹姆斯說的：**「人會笑才快樂，並非因快樂而發笑。」先微笑，然後快樂就隨之到來。**

只要你笑，大家都會跟著你笑，這是多美好的一件事！

此後，每次我跟人見面之前，都會先在心裡默想，最近發生在我身上的幸運、值得感激的事，一個衷心的微笑便自然而然地展現在我臉上，而對方看到我如此開朗的笑容，也會給予相同的回報。

微笑吧！德蕾莎修女鼓勵大家：「相視而笑；對妻子笑、對丈夫笑、對孩子們笑。彼此微笑，別管那是誰。因為小小笑容就能大大增進你們之間的感情。」

世界上有一種不會凋謝的花，那就是微笑。

今天起，出門時，別忘了對迎面而來的人微笑。美好的一天，就從一個微笑開始！

想像這個人脖子上掛著「內有惡犬」

你覺得奇怪，每天都跟你打招呼的那個人，為什麼今天卻愛理不理？你不懂，也沒發生什麼事，為什麼他的口氣這麼差，還對你擺臭臉？你不解，又沒得罪那個人，他為什麼對你發那麼大的脾氣？

你不了解，當然會覺得奇怪。比方說，當我們因頭痛而變得煩躁易怒，我們很容易了解自己的情緒是因頭痛而起；然而別人並不知道，他們無法得知我們的感受，就會覺得奇怪：「為什麼他會這樣？」

我們對別人的評斷也一樣，由於我們無法得知別人的感受，所以我們會去評斷他們的言行。「他不應該亂發脾氣。」、「一點小事，何必發那麼大的火？」**我們只看到外在的言行，看不到對方內在的感受，就很難感同身受**；這也是人與人之間常有誤解的原因。

以前有個鄰居常擺一張臭臉，有時還會對人口出惡言，附近的人對她都避而遠之。想當然，我也不喜歡她。一天夜裡，我聽到樓下救護車的聲音，便從窗戶往外看，看見救護人員將她抬上救護車。那一天，我才知道她病得很重，有嚴重的心臟病和關節炎，每天都過著極為痛苦。頓時，我對她的感覺立刻改觀。

當我們看到一張臭臉，我們並不知道他其實是身體不適；當我們對馬路上橫衝直撞的車大罵，又豈能料到他家中剛發生意外，他正急著趕往；當我們對一個不友善的職員或店員發怒時，我們並不知道他的同事在工作上撈過界，搶走了部分屬於他的客戶，我們更不知道他的老闆剛訓了他一頓……。

認清一個人言行背後的事實是最重要的。很多時候，別人對我們沒有好臉色，或是說話不客氣，可能是他遇到某些麻煩或是倒楣的事。我們都有過這種經驗，情緒不好的時候，即使是一丁點小事也會觸怒我們。

讀過一篇「垃圾車定律」的文章，很發人深省：

有個乘客搭上一輛計程車，打算到機場。正當他們開上正確的車道時，突然有輛轎車從停車格開出，兩輛車差點就撞上。那輛轎車的駕駛兇狠地甩頭，並且朝著計程車破口大罵。

計程車司機並沒有動怒，反而微笑朝他揮揮手。這乘客覺得不解：「你剛才為什麼那麼做？那傢伙差點毀了你的車，還可能害我們受傷送醫院！」

計程車司機解釋說：「其實，許多人就像垃圾車。他們到處跑來跑去，身體充滿了垃圾、充滿了沮喪、充滿了憤怒和失望。隨著垃圾堆積，他們終需找個地方傾倒；有時候，我們剛好碰上了，垃圾就往我們身上丟，所以不要介意，只要微笑、揮揮手，祝福他們，然後繼續走我們自己的路就行；千萬別將他們的垃圾擴散給同事、家人或其他路人。」

當你真正了解，你就會諒解。那個帶給我們痛苦的人，其實也深受其苦。因為他們堆積很多垃圾，所到之處才會「臭氣沖天」。

所以，如果有人給你擺臉色看，真的不必太介意；他對你說話的口氣變差，說了一些觸怒你的話，也不必當真。想像這個人脖子上掛了一個牌子，寫著：內有惡犬。那麼「狂吠亂咬」也就可以理解了，對嗎？

有句法國諺語說得對：「**了解一切，自然會寬容一切。**」當你了解每個人都有不同的經歷，是否就能有更多的包容；就能諒解別人所犯的錯誤呢？

不要再抱怨

你有沒有數過自己每天抱怨多少次？

生活有時並不容易，除了工作上的不順利，回到家裡，可能也有一堆繁瑣的事務待處理，若再加上人際間的糾葛，真的會壓得自己喘不過氣。而面對生活中種種的不順遂，偶爾傾吐心中的怨氣也算是一種抒發，但**如果光是抱怨，又無助於解決問題，就值得商榷了。**

一位老友的太太，幾乎每次姐妹淘聚會都在抱怨。怨老公不體貼，怨孩子不爭氣，怨公婆難相處，怨她的小姑和小嬸們自私，怨家事做不完，怨她的工作不是人做的……。可是過了這麼多年，她嫌得要命的那些人還是一樣，她罵到不行的工作依然在做，給她的建議就像耳邊風，她抱怨的事情一件都沒有改變過。我這才發現有些人，根本就不想解決問題，只是喜歡抱怨！

解決問題是一回事，抱怨問題是另外一回事。說一則故事：

連續好幾天下著傾盆大雨，有個人站在院子中央，指著天空大罵：「你這糊塗的老天，下這麼多雨可把我害慘了。屋頂漏了、衣服溼了、糧食潮了、柴火溼了……，我倒楣你有好處嗎？雨還不趕快停下來！」

這時，鄰居出來對他說：「你罵得那麼凶，老天聽到，一定不敢隨便下雨了。」

「哼，要是叫罵有用就好了！」那個人氣呼呼地回答。

「既然如此，你又何必白費力氣呢？」鄰居問。那人無言以對。

鄰居繼續說：「與其在這兒罵老天，不如先修好屋頂，再向我借一些柴火，烘乾衣服，烘乾糧食，在屋裡做些平時沒空做的事。」

我們要經常在心裡問一個重要的問題：「我在解決問題嗎？或是我已成為問題的一部分？」**如果你老是怨天尤人，那你自己就是問題本身。要解決問題，只有先改變自己。**

下回當你與人閒聊或跟朋友聚會時，可以嘗試以下做法。記下彼此交談中，有多少是在抱怨？從自己到別人，從孩子到家庭，身體、工作、物價波動、無能的政府……等等。

等聚會結束，各自返家之後再問自己：「今晚一大堆牢騷中，有哪些是有益的？」、「誰真正能幫助今晚我們說的那一堆問題？」然後，再下一次，你又想抱怨時，想想那些無意義的談話，你將有所警惕。

抱怨就像挖洞，給別人挖洞，自己也有可能掉進去，還不如省下體力，用在補破洞上。

詩人馬雅．安潔羅（Maya Angelou）有句廣為流傳的智慧哲言：「**如果不喜歡一件事，就改變那件事，如果無法改變，就改變自己的態度，不要抱怨。**」與其抱怨，還不如找出辦法；消極抱怨無濟於事，積極溝通才是正道。

別讓「奢侈品」變「必需品」

宋教授對飲食十分講究，不僅說得一口好酒好菜，還能「知行合一」，親自下廚料理。

一次到他家作客，真是讓我大開眼界，從前菜、湯、沙拉到甜點毫不馬虎，印象最深刻的是主餐，那是整塊 Prime Ribeye 烤出來的，堪稱極品，大家都讚不絕口，沒想到他試了幾口後，卻頻搖頭。

「感覺還差那麼一點，可惜！」他解釋說，「這種 Prime 等級，最好能經過乾式熟成，肉質的甜度才會更加集中，還有烤箱溫度也要夠，才能瞬間催化，外酥內軟，口感才會更有層次，可惜家裡烤箱溫度不夠。」

「喔！原來……」我一方面覺得自己孤陋寡聞，也為此感到慶幸——還好我品味不夠，否則不也同樣搖頭遺憾？

當我們常吃高級食材，嘴巴會越來越挑；穿的用的都是高檔貨，對品質的要求就更苛；習慣吃香喝辣，手機、網路成癮，當有一天沒了，就受不了。

記得孩子小時候，有一陣子迷上了電玩，跟他約定好只有假日才能打，他欣然同意。沒料，後來玩上癮，沒打電玩就煩躁不安，甚至還發脾氣。

「只要讓我打，我就不生氣。」

「真的嗎？」我說，「你好像打了之後才愛生氣，以前沒打也沒不高興啊！」

試想，當你喜歡某個東西，若沒得到就不快樂，那麼帶給你不快樂的不就是這東西嗎？

記得有一回到墾丁旅遊，幾個朋友靠在金色沙灘上的躺椅，喝著啤酒，看著夕陽緩緩沉入平靜無波的海裡，心情感到無比舒坦暢快。幾年後，當再度去墾丁，一樣的金色沙灘，一樣的躺椅，一樣看著夕陽西下，但在此時少了啤酒，這個美好似乎少了點什麼。

是的，重點就在這裡。在這沙灘上嬉戲歡樂的人，不需要啤酒，一樣享受美好，不是嗎？

想活得快樂，不是要得到想要的東西，而是「沒它也行」——無論是聚餐必點的酒類飲品，新款熱銷的電玩遊戲，心儀已久的鞋子皮包，或是品味獨特的頂級排餐……。別讓「奢侈品」變成「必需品」。

別跟過去「過不去」

你是否看過小孩打針？不同小孩在打針之後，哭泣的時間長短都不同。有的小孩只哭一下，針打完，也就不哭了；有的小孩在打完針後，依然哭得死去活來，不管大人怎麼安撫都沒有用。

其實，在針打完的那一刻，就已經不痛了，但小孩仍停留在針扎進屁股的那一剎那；我們不也經常如此？

只要回顧一下你的過去，就會明白。你到現在依然記得小時候傷害過你的人，可能是你的父母、伴侶、親友、表叔、大嬸說了打擊你的話，讓你耿耿於懷，每次提及那個人做過的事、對你的傷害，你都悲憤不已，怎麼安撫都沒有用。

大家都知道只要忘掉痛苦、記住快樂，人生就可以幸福，但多數人卻反其道而行。**人很容易忘掉快樂的事，痛苦的事卻牢記一輩子。**

有時候，我懷疑人不是真的想要快樂？這很奇怪，人們緊抓著他們的傷痛、緊抓著他們的怨恨、緊抓著所有的痛苦不放。

假如你把過去緊抓不放，就會一再去經歷它。你一直回憶悲傷的事，就會再度感到悲傷；如果幾年前你被某個人侮辱，今天你想起那個事件，就會再次感到傷心、氣憤、沮喪，就好像再度被侮辱了一樣。

有次，跟一位八十歲的老太太閒話家常，話題轉到兒時的回憶，她想起自己從小被人欺壓的事，竟然還難過地掉下淚來。

她覺得自己是受害者，沒人性後母的受害者，生命的受害者。她從沒想過，她也是一再傷害自己的人。

所有情緒都會消逝，心碎的痛苦也會隨時間淡去，就像傷口慢慢會癒合一樣。但如果你不斷去撥弄，每撥弄一次就痛一次，痛了幾十年的傷口還沒癒合，該怪誰？

你說，過去某人如何傷害你、折磨你，但現在又是誰在傷害你、折磨你？

是你自己，對嗎？

人們總是說：「沒辦法，我忘不了！」沒錯，人無法抹掉記憶，卻可以不去追憶。**我們無法阻止鳥兒飛過頭頂，但可以不讓鳥兒在頭上築巢。**人不要渴求被同情，需要別人同情是很悲慘可憐的。

現在請用紙筆，把所有纏擾你的往事都記下來。寫完以後，你先問自己：「我還要執著於這傷痛嗎？」、「這有什麼好處嗎？」、「我還要浪費另一天、另一個月，甚至一輩子的時間，讓自己繼續留在過往的痛苦嗎？」

痛苦是必然的，人生誰能躲過？但要不要繼續折磨受苦，卻是可以選擇的；你可以選擇不讓它成為終身的折磨。

有一個故事：

一個男人去看病，對醫生說：「醫生，每次我把手臂舉起來，就痛得不得了！」醫生對他說：「那就別把手臂舉起來！」

痛苦就是提醒你該放下了。

你到底還要花多少時間，才能說出：「我不要再留戀痛苦，我不要再受苦了！」你到底還要受多少苦，才能做出這個決定？

你昨天、或上週，或多年以前所經歷的事，現在都已經消逝，除了在你心裡，就像針已經打完，怎麼會到現在還一直在痛呢？

要有「大不了回到原點」的豁達觀

有兩位博士後研究員，他們一起應徵某校教職，結果一個通過，另一個沒過。沒通過初審的那位雖有點失望，但隔幾天就好了。而那位通過的人就不同了，他滿心期待，後來在得知複審沒有過時，好一陣子心情都難以平復。

為什麼？原因就出在「得失心」。就像有些人得知獲獎、被錄用、職位升遷、買賣成交，或是擁有一段戀情、一筆意外之財時非常快樂，而失去時，也就非常痛苦。大家很少靜下來想：**在沒得到之前，日子不也過得好好的？為什麼失去之後，就變得痛苦不堪？**

曾看過一個電視綜藝節目，裡面邀請現場觀眾玩遊戲。眼見這位觀眾節節過關，勝利在望，獎金就要到手了，沒想到一個疏忽，竟失去得獎的機會。現場的觀眾都替她扼腕。主持人問這位觀眾會不會難過，她聳聳肩說：「不會啦！反正我來的時候也是兩手空空。」

這就是我想傳達的。**面對得失，要有「大不了回到原點」的豁達觀！**

我認識一個婆婆對媳婦很失望，每次提到媳婦，就滿腹牢騷。有天，她突然想開了，說：「反正我就當作沒這個媳婦！」當她這麼想，心情就舒坦多了。

有位女明星曾因失去感情而難以自拔，後來她想通了，她發覺自己沒有失去什麼，只是回到原來的自己。

這兩年疫情蔓延、經濟衰退、物價上漲、兩岸關係惡化……，社會上瀰漫著一股沉重的不安，大家對未來都感到茫然。然而，仔細想想，苦日子又不是今天才有，以前也曾有過，為何我們如此不安？**每個人都是從無到有，最糟還不是回到跟以前一樣，何必患得患失？**

說一則故事：

有個老人清貧了一輩子，卻一直樂天知命，日子過得很愜意。有天，他經過一家彩券行，突然心血來潮，從口袋裡掏出五十元買了一張彩券，不料竟讓他中了頭獎。

老人一夕致富，從沒住過好地方的他，第一件事就是買棟豪宅！

幾個月過去，有天，老人在外與朋友泡茶聊天，突然有人慌張地跑過來，跟他說：「不好啦！你家失火了！你快點回去看看！」

老人匆匆趕回去，果真豪宅已被火海吞沒。圍觀的人看到這樣的景象，都不免感到惋惜。有個鄰居跟老人說：「老先生，你真是沒有享福的命呀！好不容易中了大獎，住進豪宅，一下子卻化為烏有，真是損失慘重呀！」

沒想到，老人聽到他的話，非但沒有難過，居然還笑了起來。那人以為老人受到太大打擊發瘋了，詫異地問：「你家都被燒掉，怎麼還笑得出來？」

「你說我『損失慘重』，實在很好笑！」老人說：「充其量，我也不過損失了買彩券的五十元呀！」

音樂家魯賓斯坦曾因為失去所有而萬念俱灰，後來他自殺不成，反而醒悟到：「為什麼我要結束生命？」本來人出生時就是一無所有；沒有金錢，沒有女友，也沒有職位，什麼都沒有。而再次失去這些，大不了也只是「回到原點」，又有什麼好悲傷的？

看見自己的幸運

一位學生騎機車摔倒，膝韌帶撞斷，大腿還縫了十幾針。到急診室探望他時，讓人訝異的是，他不但沒怨自己倒楣，還直說：「我真幸運，還好沒撞到頭！」

他的話，讓我想起多年前的一段往事。我與幾位朋友出遊，結果朋友的車為了閃避迎面而來的卡車，不慎滑落水溝四腳朝天，不但假期泡湯，幾個人身上還掛了彩。

真衰！大家唉聲嘆氣。有人罵那個橫衝直撞的司機，有人則怨嘆流年不利，敗興而歸。

另一個安靜在一旁的朋友發了話。

「嘆什麼氣呀？沒聽過小災避大難嗎？不過是受點皮肉傷，已經很幸運了。」他接著揚起聲調說：「要往好處想，我真幸運，我真幸運！」

他說第二遍我真幸運時，一個字、一個字地加重語氣，結果幾個朋友也點頭露出微笑。

從此，我學會遇到任何遭遇，都先說出：「我真幸運！」然後再從中找出有什麼好事。

遭朋友背叛，我不再氣急敗壞，「我真幸運，能看清對方是怎樣的人。」

體檢出現紅字，「我真幸運！能提早發現自己身體哪裡有問題。」

遇到主管或同事刁難，「我真幸運，遇到不斷出難題、訓練我成長的主管（同事）。」

車子被撞凹，「我真幸運！還好不是人被撞。」

簡單的一句話，就能讓我立刻「轉念」，進而改變我看待事情的角度，心情也隨之樂觀開朗起來。

印度哲人古儒吉說得好：「**你唯一必須記得的是，你有多麼的幸福！當你**

忘記這一點，就會變得不幸。」一點都沒錯！也許你嫌父母煩，但有人父母已不在，連被煩的機會都沒有；也許你沒有漂亮的鞋子，但有人連腳都沒有。

當你為工作不如意時，想想沒有工作的人。

當你對逝去的感情絕望時，想想一個從沒愛過或被愛的人。

當你為臉上的雀斑和青春痘煩惱時，想想那些臉部燒傷的人。

當你抱怨養兒育女太辛勞時，去想想那些不孕的人。

當你為了病痛而自憐時，去看看醫院裡的重症和癌末病人。

當你身體衰老、臉上布滿皺紋時，要心懷感恩，因為有些人根本沒機會去經歷這些。

你已經夠幸運了，不是嗎？

與其抱怨造物者在玫瑰花上附了尖刺，不如感謝造物者在尖刺上添了玫瑰。

去想想更悲慘的人

你是否有類似經驗？你的孩子走失了，後來又安然無恙地找到；身上長個腫瘤，幸好診斷出是良性的；公司裁員，最後只是虛驚一場。於是你突然對眼前的一切特別珍惜。

常聽住院的病人說，在病床上僵臥了幾天。在病癒出院，剛邁出大門，看到風和日麗，陽光普照，不由得從心底感到一陣歡快。**每天平平安安，過著平凡無奇的日子，不覺得自己幸福，等有天失去了，就會發現。**

有一則發人深省的故事：

有個農夫痛苦地向拉比（猶太教律法師）訴苦，說自己快被家人逼瘋了。

「拉比！」那位農夫說：「我家的房子太窄了，我的老婆、孩子、丈人一家全住在一起，整個屋子都吵吵鬧鬧，我的精神都快崩潰了。」

拉比問：「你養了多少牲畜？」

農夫說：「有一頭乳牛、兩隻山羊、一隻狗，還有幾隻雞。」

「好！」拉比見建議他：「把那頭乳牛牽到屋子裡。」

農夫感到很疑惑，但還是照做了，一個禮拜後回來報告說，情形變得更糟了。「那就把山羊、狗和那幾隻雞都帶進屋子裡，一個禮拜後再來回報。」大惑不解的農夫回到家，遵照拉比的指示做了。

當這農夫再回來找拉比時，他尖叫道：「我受不了了！骯髒、惡臭、吵雜、擁擠……我們所有的人都快瘋了。」

「回去吧！」拉比說：「去把所有的牲畜都趕出去，過幾天後再來找我。」

幾天後他回來時，帶著滿面的笑容，快樂地說道：「現在家裡只剩我老婆、孩子和丈人一家人而已，房子突然變得好寬敞。感覺真好！」

如果你為小事煩惱，那是因為沒什麼大煩惱；如果真有大煩惱，要記住，別把時間和精神浪費在煩惱。去想想那些悲慘的人，是個有效的策略。

有位先生告訴我，「我曾陷入經濟拮据，甚至到目前為止，我的收入還不夠支付家庭所有的開銷，但是，有一天我在電視看到一部介紹貧窮國家的片子，掙扎在饑餓邊緣的難民，他們在疾病、痛苦和死亡中竟能怡然地生存著。從那時起，我突然發現我的困難根本沒什麼了不起，我總是提醒自己，如果有得吃有得穿，就沒有什麼大不了的事了。」

某位太太說：「我曾擔任醫院的義工，每當心情低落，我就會到醫院幫忙，看到一些氣切插管、昏迷不醒的人，我總提醒自己，這點挫折算什麼？」

某位骨折病人說：「我在病床貼了一張便條紙，每天唸它一回。便條紙上寫著：「開心點，畢竟你的腿不是永遠斷了。」

你若知道別人承受的痛苦，自己的根本不算什麼；去幫助那些需要幫助的人，就不再自艾自憐；到醫院看看那些遭遇災禍，在死亡邊緣徘徊的人，你會發現自己很幸福。

PART 2

生活可以用心，但不必多心

不要活在別人眼裡，死在別人嘴裡。
不管你在什麼地方，同樣的你，
有人將你抬高，有人把你貶低。
所以，不要管別人怎麼看，
關鍵是自己怎麼看自己。

三個應有的「正確」想法

同學生日或朋友生病，遇到困難或低潮的時候，寫張卡片、小紙條，或用一些鼓勵的話來關心他們，有時比送禮更情深意長。

昨天在翻書時，從書中掉落一張小卡片，讓我想起多年前，剛到學校教書時的一段往事。一位教心理學的朋友見我有點「水土不服」，就送我這張卡片，他說：「試試看，或許對你有幫助！」

這張小卡片上，一面寫著「讓你困擾的想法」，接著列出三個人們極易陷入的「錯誤」想法：

一、我一定要讓每個人都喜歡我！

二、我絕不能犯錯！

三、一切都要照我的意思！

另一面則寫著「幫助你有效管理的想法」，接著又列出三個應有的「正確」想法：

一、沒人喜歡我，我一樣可以活得很好！

二、我本來就不可能十全十美！

三、別人也有他自己的做法！

每次翻閱小卡片，都覺得很受用。朋友後來告訴我，這張卡片其實是他參加亞伯．艾理斯（Albert Ellis，理性情緒治療理論的創始人）的訓練課程時，工作坊規定學員每天都必須將這張小卡片放在口袋裡，隨時提醒自己。

接觸過心理學的人，對艾理斯博士著名的「ＡＢＣ理論」應該都不陌生。A指事件的起因，B為個人的解釋和想法，C是事件的結果。相同的A可能導致不同的Ｃ，關鍵就在Ｂ。

我將這個理論運用在自己遇到的人事物上，發覺我們的想法，對行為及情緒的影響真的十分深遠。**我們會要求十全十美、否定自己或別人，其實就是因**

為一開始「自己設立了標準」來評判人。但這標準是怎麼來的？合不合理？在這個標準背後的信念正不正確？卻很少人去思考。

有兩戶人家，彼此是鄰居。雙方的父親都早出晚歸，經常加班應酬，往往要到半夜才回家。到了家裡，孩子多半都已經睡著。

對於這種情形，李太太經常在孩子面前抱怨：「唉！每當你們需要父親時，他永遠不在身旁，就只知道工作賺錢，對家一點責任感都沒有。」這些孩子長大後只記得，他是位「不負責任的父親」。

林太太對子女說的話就相當不同，她說：「孩子們，你們有一個最顧家的父親。為了這個家，他每天辛苦從早忙到晚。你們要好好用功，報答他！」這些孩子未來將充滿感激，因為他是位「顧家的父親」。

這兩位父親的情況類似，然而評價卻大不同，原因出在哪裡？

是詮釋事情的人不同，對嗎？相同的A可能導致不同的C，關鍵就在B。

下回當你不快樂時，別忘了提醒自己「關鍵的」三個正確想法。

我現在在想什麼？

你曾經這樣過嗎？有時你心情不錯，然後想到某件事，突然沮喪起來；有時你很沮喪，但想到某件事，心情又突然好起來。

當你心情好的時候，感覺好像凡事都順心，一切都美好；當心情不好的時候，就糟了，你會覺得諸事不順，好像每個人都跟你作對。

為什麼會這樣？原因就出在你的想法。

回想一下，上次你心情不好是什麼原因？或你為什麼如此生氣、沮喪、厭煩？一定是先有了負面想法，對不對？如果沒有憤怒的想法，就不可能覺得生氣；若沒有消沉的想法，就不可能覺得沮喪；沒有厭惡的想法，就不可能感到厭煩。

每一個情緒都是從想法開始的，其他的都只是你個人的解釋。比方說，你父母連打幾通電話給你，提醒你別太晚回家。此時如果你想：「他們很關心你。」就會覺得窩心。反之，如果你想：「真囉嗦，老是管東管西！」就會覺得厭煩。

家人有事沒告訴你，如果你想：「根本就不尊重我！」你的怒氣就會升起；如果你想：「他們可能怕我擔心！」氣就會消去大半。

所以，人們常說：「我會生氣是因為那個人……。」、「我心情不好是因為他做了……。」這說法是不對的，你的情緒並非來自事件，而是來自你的想法。

引述奧理略大帝的話：「假如你因某些事物而痛苦，其實並不是那些事物在煩擾你，而是你對它的想法在令你苦痛，唯有你自己才能棄絕它們。」

情緒的英文是Emotion，即是energy in motion的意思，也就是「運動中的能量」。那是什麼能量在運動呢？是「思想」；是我們腦中來來去去的念頭和想法。

我們常覺得心情捉摸不定，那是因為我們的想法無時無刻不在變化，隨著思想的活動，情緒也跟著波動。然而，**由於我們無時無刻不在思想，也經常都是「這樣想」，太習慣了，以至於沒有發覺，原來不好的心情都是自己「想出來的」**。

那該怎麼辦？每當我發現自己心情不好時，就會問自己：「我現在在想什麼？」情緒原本不是問題，它來來去去，就跟天上的浮雲一樣，並不會造成什麼傷害。真正的問題在於，伴隨著低落情緒而來的想法。若我們不去滋養這些想法，情緒自然就會消逝。然而，當我們不斷去想，就等於是給情緒的怪物添加燃料，接下來只會越演越烈。

我建議大家拿一張名片紙，用大而明顯的字寫上：「我現在在想什麼？」然後，不管到哪去都帶著這張卡片。最好每隔幾分鐘就問（或看）一次，這個方法能幫助你意識到負面的想法。

坦白說，我偶爾還是會有一些負面的想法浮現，但我知道「是我此刻的想法，讓我不快樂」，有了這點醒悟，就擺脫了自己不自覺中對那些想法的認同。

一旦拋開了負面的想法，就等於拋開負面的情緒，以及那些想法所帶來的負面影響。如此一來，心情必定開始好轉，心情越好，就越不會有負面想法，就算有負面想法浮現，也較能一笑置之。你將發現，當我們不被自己的想法束縛時，人生是多麼美好！

我能百分之百確定這是真的嗎？

如果你接到一通不出聲就掛斷的電話，你會怎麼想？

是不是有人惡作劇？

是不是怕我接到？

該不會是壞人？

難道是鬼……

猜想只會生出更多猜想，懷疑只會生出更多懷疑。我們的頭腦很擅長「編造劇情」，**只要我們心裡產生一個想法，我們很容易就會相信它。**因為相信，我們就認定它是事實，而當我們越去想，往往就越想越像。

在一個偏僻的村莊，一條羊腸小道上，有根筆直的電線桿。說也奇怪，常常有人在那出事。

有次，一對年輕男女不小心騎車撞到，當場斃命。一天晚上，五歲的小志和他媽媽在回家路上經過那兒，小志突然說：「媽媽，電線桿上有兩個人。」媽媽牽著他的手，快速走開說：「小孩子不要亂說話！」

但這件事很快就傳開了。有一天，一個記者來採訪小志，要他帶他去看發生車禍的地方。小志大大方方地領他走到那裡，記者問：「人在哪？」

小志指指上面，記者抬頭一看，電線桿上掛著個牌子，上面寫著：交通安全，人人有責（有兩個人）。

這笑話情節一再發生在真實生活裡，就像電視連續劇的情節，人們總是無中生有，把生命情境從簡單變複雜。

你剛好路過，看到幾個人突然大笑，就猜疑人家是在笑你；男友送一盒化妝品當生日禮物，妳就懷疑對方是不是嫌妳老？幾通電話沒接，妳又開始胡思亂想，覺得他是故意不回，或跟誰在一起鬼混⋯⋯。接下來，你會開始尋找種種蛛絲馬跡來證明，即使對方已表明事實並非如此，你還是會認為：「有！你就是這樣！」

事實上，單一認知都是狹隘且不完整的，就像瞎子摸象，只摸到象鼻的，認為象是長管狀的，而摸到象身的，卻堅信大象是一座牆。畢竟，彼此都沒看到「整頭大象」，不是嗎？

想讓事情回歸單純的方法，就是先釐清這是「想像」，還是「真相」。

請你想想幾個不斷在你腦中出現的「劇情」，也就是你對某件事為何發生或為何沒發生所做的假設，並提出疑問：「我能百分之百確定這是真的嗎？」

「每次約他都說沒空，因為他根本不喜歡我。」

反問自己：「我能百分之百確定這是真的嗎？」

「他對我好，都是有目的的。」

反問自己：「我能百分之百確定這是真的嗎？」

「不出聲就掛斷電話，是不是有小三？還是有鬼？」

反問自己：「我能百分之百確定這是真的嗎？」

做完這個練習，你會發現，你所想的事，許多都是未經查證的憑空想像。你要做的，就是時時提醒自己：「不要輕易相信任何你所想的。」把那些你原本堅持的「事情就是這樣」，改成「這只是我的看法」。

別再疑神疑鬼，卻從不懷疑自己！

放下「不曉得別人怎麼看待你」的疑惑

怎樣才能不在乎別人的眼光和想法呢？

有個學生說，自己是標準的雙魚座，多愁善感，情緒化，很在意別人眼光，雖然這些個性長大後，漸漸有些改變，但始終很困擾的一點是，太在意別人怎麼看待自己，偶爾聽聞有人不喜歡自己哪些地方，或是對自己不滿之類的，就會陷入無止盡的悲觀思考……。這該怎麼辦？

年輕時，我也很在意別人的看法，後來到醫院服務，看到很多病人面對病痛的無助和死亡，我突然開竅了！人生短暫，我要做我想做的，並且過快樂的生活。如果常常去在意別人的想法，又如何讓自己過得快樂呢？

我的方法是，讓自己先跳脫出來，當個「第三者」。如果事情並不嚴重，就表示自己太敏感了；如果很嚴重，就自我檢討與修正。在處事上，則**盡量讓**

自己不要去想「人」的問題，只專心在「事」上面，這樣內心就不會受到干擾。

有句話說：「不要活在別人眼裡，死在別人嘴裡。」不管你在什麼地方，都有人將你抬高，有人把你貶低。所以，不要管別人怎麼看，關鍵是自己怎麼看自己。

美國做過一個有趣的實驗，透過這個實驗，或許可以提供我們很多省思。

這個實驗叫「傷痕實驗」，目的是觀察陌生人對身體有缺陷的人的反應，尤其是對臉部疤痕的反應。參與實驗的人被帶進沒有鏡子的房間，由專業化妝師在實驗者臉上畫一道可怕的疤痕。畫完以後，拿鏡子給實驗者看，並告訴他們，為了使疤痕效果持久，必須塗抹「維持膠」來保持疤痕，但事實上，化妝師是趁機把疤痕抹掉。

接著，毫不知情的實驗者被派往各醫院的候診室，他們的任務是觀察人們對其臉部傷痕的反應。

等規定的時間到了，返回的實驗者竟無一例外地敘述了相同的感受：人們對他們比以往粗魯無理、不友好，而且總是盯著他們的臉看！

然而，實際上，他們的臉與往常並無二致。他們之所以得出那樣的結論，是因為錯誤的自我認知影響了他們的判斷。

可見，**別人會怎麼看待你，最終還是取決於你。**

你到皮膚科和整型外科去看，有人為了一點點的斑、疤痕或缺損而感到自卑，但在骨科和燒傷中心，有人即使四肢不全，全身傷痕累累，一樣活得自信開朗。**這世界是一面鏡子，別人只是你心靈狀況的投射**。別人怎麼看待你，不是你的問題，而是他們自己的問題；你怎麼看待自己，才是你真正的課題。

想想看，如果你怕別人不友善，你的表情就會顯現出你心中的害怕和防備，而別人也會跟著不友善，不是嗎？

在金曲獎頒獎典禮上，有位女歌星被問道：「走紅毯時，妳會緊張嗎？」

她說：「肯定會緊張，但是一穿上漂亮的禮服，我一定要告訴自己，我是最美麗的。以前我也會在意別人的看法，總會擔心別人不喜歡自己的穿著，站在紅毯上羞怯，別人一眼就能看出你不自在。反過來，你自信地秀出自己的優點，大家會完全看不出你的缺點。」

沒錯，別人會以你看待自己的方式看待你。

善用別人對你的批評

每當被批評之後，人們總是急著為自己辯白，找人發洩怨氣；有人可能氣急敗壞，甚至惱羞成怒，但冷靜下來想想被批評真的是件壞事嗎？

我有個習慣是這樣，假如得知有人對我不滿，我會直接去找那個人談談。我的經驗告訴我，當我們能直接面對一個對自己批評的人，往往會有意想不到的收穫。彼此不但可以更加了解，還能讓關係有個新的開始。

我們都需要從別人的反應去得知自己有什麼事做對了，有哪些做法需要改善。如果我們不接受，或是讓別人不敢批評，就會在彼此之間積壓怨恨。假如我們總是以牙還牙，反擊對方，就什麼也學不到。

我最近接受的批評，是我的太太告訴我：「我的話太多，跟人談話時，經常不給別人表達的機會。」我記得當時也想反駁，後來才承認：「妳說得沒錯，我的確如此。」她說的是真心話，我虛心受教。

幾乎每個人批評都是內心感受，否則他們就不會有感而發。幾乎每個意見都是有利於你，只要你能從中學習而非對抗。

曾經跟一家公司的老總聊天時，談到員工的管理。他說，「現在的年輕人真糟，才說他們幾句就受不了。」

怎麼說呢？就是當上司指出他們錯誤時，要不是擺出一副臭臉，就是找出各種理由來為自己辯解。還有的更糟，馬上怒氣沖沖地回你一句，「我不幹了！」

他搖頭感嘆說：「人家指責你，其實也是在教導你。如果老認為這是在找碴、是挑毛病，那毛病又怎麼可能改善呢？」

人們付大把鈔票給醫生、律師、設計師、諮商師和顧問是為什麼？就是為了得到他們的忠告與建議。別人觀察你的時候，能看出你沒有察覺的東西。人們之所以畏懼批評，說穿了，就是因為批評使我們面對自己。**批評就好像有人**

拿鏡子在你面前，如果你沒看清楚就推開，甚至把鏡子砸爛，對自己才是最大的損失。

人非聖賢，孰能無過。每個人都是在不斷地學習、不斷地修正；都是藉著檢視自己的錯誤、反省與改善自己。承認錯誤——表示你是人，是人都會犯錯；表示今天的你比昨天更優秀；表示你比過去更勇敢；表示你還可以進步，還可以更好一點。

當知，這時代講真話的人太少了，有人願意批評和指正實在難能可貴，你要感謝善用，除非你不想聽真心話。

停止堅持「他應該」

你是不是經常預期別人會符合自己的期待呢？

許多人會生氣，只因為別人表露出他們本來的樣子。實際上，別人可能根本不知道你對他們有什麼期待，這樣你不是永遠氣不完嗎？

在這裡，有一個讓你免於生氣的好辦法。首先，來做一個練習。

回想一下誰老是惹你生氣，接著在紙上寫下一個句子：

「〇〇〇（這個人的姓名）應該……。」

不要光用腦子想，要真的在紙上寫下來，同時描述得越具體越好。

這個練習的道理在於：**我們腦海裡對別人的負面評價，即是負面情緒的由來**。而你寫下來的句子，描述了別人應該怎麼做才對，這是你所深信的判斷。比如說，小明念書要認真一點、婷婷應該多體諒我、阿強應該記得我交代的事……等等。

當你認為，孩子成績應該名列前茅、伴侶應該了解我的需要、同事應該把工作做好、朋友應該記得我的生日……，而結果不是這樣呢？你一定會覺得挫折、失望，或者惱怒，對嗎？

你在等人，本來沒什麼，但當你想到：「他應該準時、應該尊重我的時間。」你的怒氣就會升起；你做某件事，本來做得好好的，然後你想到：「這是別人該做的事。」你心裡又會開始不舒服，對嗎？

這些年，只要我嘴巴或腦海裡出現「他應該」這三個字，我就會立刻提醒自己：「不要期待別人！」

老實說，最近我又犯了。我一直是個講求效率的人，最討厭別人做事拖拖拉拉。幾天前，我要求助理把會議資料準備好，週末前放到我桌上。結果到了週末，我並沒看到「該有」的東西，顯然她沒有「如期完成」，我心裡有點不悅。後來，我進一步想，那真的是最後期限嗎？還是我訂的要求？在這樣的過程中，我又一次發現，那期限只是我的期待，是我劃地自限。

我並不是要你放棄原則；人一定要堅持自己的原則。我說的是放下期待，這與放棄原則是兩回事。**你的原則是你自己該謹守的，並不代表別人也要遵守。**當你為別人的錯誤而生氣時，你想過嗎？這一大堆「原則」是誰定的？不是你自己嗎？

不要對別人有期待，你就不會讓別人的言行影響自己的情緒。當你看到別人沒做到該做的事，你不會生氣，因為你不期待他做或不做任何事；當你沒得到你想得到的，你不會生氣，因為你不期待他為你做或不做任何事。

有位哲學家說得好：「**快樂的祕訣在於『停止堅持自己的主張』**。」你可以要求自己，但不能期待別人，只要看透這一點，就沒什麼好生氣了。

讓他做自己

這世上的人有一個共通點，就是每個人都不一樣。然而，每個人的問題也在這裡：想讓別人跟自己一樣。

有位讀者來信，她嫁給一位很有才能的先生，但麻煩的是，先生一直想往外跑，而她喜歡待在家裡，每次都為了這問題鬧得不愉快，該怎麼改變他呢？

「或許妳應該改變的是自己，」我建議她：「如果把兩個人綁在一起不快樂，為什麼不成全他？」

還有一位讀者的問題是，她和男友的宗教信仰不同，他們常為這個問題起爭端，她擔心是否能和他共走一生？

我的回答是，問題不在你們「能否接受對方的信仰」，而是「能否接受對方的一切」，這才是關鍵。畢竟有很多「信仰相同」的人，感情也未必都美滿，不是嗎？

羅馬帝國皇帝查理五世對於宗教非常熱忱，為了讓屬下和他信仰相同的宗教，曾採用高壓手段，然而，屬下們卻寧願犧牲生命，也不願改變信仰，這讓他非常疑惑。

查理五世下臺後，雖然不再接觸政治，卻依然有控制欲。他在家中裝了十二個時鐘，並把每個鐘的時間調成一模一樣，想看看十二座鐘一起報時的感覺。結果，每座時鐘響起的時間依然有秒差。查理五世感嘆地說：「我連讓時鐘在同一個時間報時的願望都不能實現，卻想讓大家跟我信仰同樣的宗教，真是太蠢了！」

人總是試著改變別人，總以為只要某個人改變了，就能過著美滿快樂的生活。如果你也這麼認為，那我想你將很難快樂，因為你的做法正是一切不快樂的根源。

你曾聽過有人成功把每個人都變成他想要的樣子嗎？那是很難的。想想，這麼多年來，你一直試著要改變的那個人，有變成你想要的樣子嗎？

沒有吧！

美國總統林肯改變了美國歷史，改變了黑人的命運，但對他的妻子卻一點辦法也沒有；哲學家蘇格拉底不知改變了多少人的觀點，卻也無法改變自己的妻子。

有位朋友說，她父親已近八十歲了，老媽還是常數落老爸積習難改。父母的相處模式讓她有所警惕，於是一輩子用盡力氣在改變別人，可到頭來，只是讓自己感到挫敗，而且把關係變得更糟。

我們很少去尊重別人本來的樣子，每個人之所以變成今天這個樣子，是他們活了幾十年的結果，怎麼能不尊重呢？我們都希望能做自己，為什麼別人就不能做自己？

讓他做自己吧！別再抱怨他做了什麼，讓你不快樂。其實，**只要你不把快樂寄望在他身上，不期待他會改變，那你現在就是快樂的**，不是嗎？

缺點是優點的延續

某個夜晚，同事的太太打電話來，希望我能幫忙勸阻先生離職的決定。

在電話那頭，她重複抱怨著：「他就是太不切實際，把事情想得太簡單，」我先是愣了一下，後來還是忍不住問：「妳當初不就是喜歡他這一點？不就是喜歡他的單純浪漫嗎？」

她聽了突然靜下來，才沒多久時間，怎麼在她眼裡，他的單純竟成了無知，浪漫樂天也成了不切實際？

我認識一位感情受過傷的女人，她不想再遭遇霸道的男人，就嫁給忠厚順從的。但是，不久她又覺得他懦弱無能。先前我還聽到她說：「我無法再忍受像前男友那樣的暴君，我要找一個能體貼我，尊重我的人。」但不久她就變了：「我丈夫消極軟弱，不像前男友，做事有魄力，有男子氣概。」剛開始為什麼會看上對方，全置於腦後。

佛蒙特諺語：「當你買這塊土地時，你買下了這些石頭；當你買這塊肉的時候，你買下了這些骨頭。」缺點和優點就像一枚硬幣的兩面，是共存的。

有個非常有趣的實驗，找幾位對你很熟悉的人，然後請他們分別告訴你「最欣賞你的特點」以及「最討厭你的特點」。結果發現一個現象：你被某人所認定的優點，卻被另一個人當作是缺點。

譬如說，當有人欣賞你的「心直口快」時，就一定會有人討厭你「口無遮攔」。

有個同事，個性迷糊，大而化之，很好相處，大家都很喜歡她，可是她的先生卻怨言不少，說她不是掉鑰匙，就是掉手機，把提款卡的密碼寫在卡上。

另一個朋友，是個小心謹慎的人，喜歡事事有周全的計畫，可是老婆卻覺得他顧慮太多，常小題大作，受不了。

說白了，優點即缺點，缺點即優點。這個人很隨和，缺點是太隨便；脾氣好，但沒個性；個性固執，優點是意志堅定；動作很慢，優點是慢條斯理；口無遮攔，反過來看，就是坦白直率；粗枝大葉，反過來看，就是不拘小節。

「缺點是優點的延續」，只要你認真發覺，許多怨懟和憤恨都會化為烏有。

阿芳就是個好例子。有次她和先生吵架，心裡滿是懊惱，心中不時湧現先生的缺點：自私（每天都工作到很晚才回來）、愛嘮叨（經常碎碎唸實在有夠煩）、懶散（他老是將東西隨便亂放、從不歸位）……

每當她抱怨起先生，數落他的不是時，她就提醒自己這句話，強迫自己在筆記本上寫些他的好處。例如，有一天晚上，她想到他口是心非的行徑，久久無法入睡。

「阿興你這個王八蛋，」她忿忿不平地想著，「總是跟我說要節省些，結果自己卻把錢大把地花在喝酒聚餐。」

她忽然意識到這是折磨自己，她從床上爬起來，抓起筆記簿就寫下「解毒處方」。

「那一次我K到了新車，他只是輕描淡寫地說：『意外總是有的，不然要保險幹什麼？』他實在也不算太壞，有些男人可能早就發飆。」

這個處方幫助阿芳從更宏觀的角度去看先生，她了解到，阿興有好的一面，也有壞的一面，就跟其他人一樣。

於是阿芳給自己泡了杯茶，坐下來細品，同時回想先生的種種。他是看重他的事業所以才晚回家的，而我不正是以他的成就為榮嗎？他愛嘮叨只是求好心切的表現；他是生活懶散，可是也因此他從不對家務和料理吹毛求疵。其實這些「缺點」不正是他的「優點」嗎？

沒錯，「缺點正是優點的延續」，思及此，她不禁失笑。

把「必須去」改成「想去」

經過一天的工作，回到家，小劉覺得筋疲力竭。原本說好要陪太太購物，也就作罷。後來電話鈴聲響起，原來是朋友約他吃飯。高興地掛上電話後，小劉剎那間忘記一天的疲勞，帶著興奮愉快的心情前往赴約。

這是怎麼回事？是什麼原因讓他有一八〇度的轉變？

答案是心態的轉變。陪太太購物是「必須去」，而跟朋友聚餐則是「想去」，兩者完全不同。**「必須去」是一種負擔，而「想去」則是主動且樂意的。**

我們常看到有人做事無精打采、拖拖拉拉，做得心不甘情不願，那都是因為「必須去」——因為已經答應別人，不得不去；因為已經繳費，不得不去參加；因為要養家活口，不得不工作；因為女友要求，不得不陪她……。有了這種想法，即使快樂的事也變成痛苦的負擔。

就像今天你去爬山、游泳，你會感到快樂。如果你是被懲罰，必須爬完某座山或游泳十圈呢？同樣是爬山、游泳，你卻很不高興。**不是出於意願做的事，就不會快樂**。

我們都不喜歡人們為我們做事時，擺出無奈的臉孔，或是心裡這麼覺得。想想看，如果你朋友來為你慶生，卻說：「我必須來，否則你會認為我不夠朋友！」你聽了感覺如何？

同樣的情形，你的父母辛苦賺錢，讓你補習、學才藝，如果你的學習態度是，意興闌珊、要做不做，他們又會有什麼感受？

要如何讓自己變得有意願，最重要就是「為自己做」。

我們做每件事，之所以快樂或痛苦；是享受或負擔，關鍵都在這裡。你認真學習是為自己；你爬山游泳是為自己；你努力打拚也是為自己。只要看清你做某件事，不是因為別人要你去做，而是你自己想去做，感受立刻就會不同。

有個老司機，開了大半輩子的卡車，幾乎跑遍全國各個角落。一天，他要指導一名新來的年輕司機。老人起初讓這個年輕人自己開車，年輕人駕駛著大卡車，在馬路上跑了三個小時，最後筋疲力竭，請老司機替換。

這位老司機接手後，駕駛七、八個小時，仍然精神十足地邊握方向盤，邊哼著歌。年輕人很納悶，問老人為什麼開那麼久的車，卻一點也不累。

老司機反問他：「你早上離家時，都是怎麼說的？」

年輕人回答：「我跟老婆說再見，說我必須去工作了。」

老司機說：「你的問題就出在這裡。」

「這有什麼不對嗎？」

老司機笑說：「我早上離家時，也跟妻子道別，但我不是告訴她我必須去工作，我說，我想開車出去兜兜風。」

你看，只要把心態轉換一下，把「必須去」改成「想去」：我想去幫助更多人、我想學更多知識、我想把家人照顧好、我想讓房子窗明几淨……，感覺是不是完全不同？

記住，**絕不要做你不想做的事。如果那件事真的非做不可，就試著把它變成你想做的事吧！**

練習耐心術

現代人越來越不願等待。我們總想要得到結果與滿足，而且立刻就要！科技提供我們按鈕的生活，只要按一下，就可以聽音樂、洗衣服、開車、看喜歡的節目，也能提款，幫我們付賬單。網際網路的興起更將人們的「不耐煩」強化到極致。許多人有一種按鈕的心態，比方說，十天可以減肥、英語速成、三十歲前賺進一桶金；預期一切都在彈指之間。

缺乏耐心的人與事比比皆是，很多人使用微波爐還嫌太慢；上網速度稍慢便覺得不耐；電梯門一開便強先進入，無視於有人正要出去；只要排隊等候或是交通阻塞，馬上就變得焦躁易怒。

我自己也常感到不耐煩——飢腸轆轆的時候，抱怨餐館上菜太慢；邊起動車子，邊催促還在準備的太太；常在對方話沒說完就急著表達。這樣有壞處嗎？是的，**許多職場的問題，即是出於沒耐性**。上司咄咄逼人要求業績，急躁的主管不願花時間聆聽別人的想法或解決問題，對屬下長期造成壓力。

當我們不耐煩時，很容易表現粗魯。記得有次在問診時，遇到一個病人說話很慢，而且答非所問，我眼見後面還排了許多病人，不耐煩地嘆了口氣。聽到我的嘆氣聲，病人滿臉歉意地說抱歉。

事後我感到後悔，不耐煩讓我失去該有的禮貌和寬容。同樣的情況也發生在家裡，最常見的是，一家人原本快快樂樂地出門，卻因為太太或孩子拖拖拉拉，我的臉就繃了起來。結果可想而知，立刻烏雲罩頂。

更糟的是，自己做了最錯誤的示範。特別是還在學習的孩子，他們正逐步建構自己的行為模式，會把看到、聽到的照單全收。就像幾天前，我開車載孩子出門，在一處紅綠燈前等了許久。總算綠燈轉亮，前面車子卻沒有馬上開動。兒子對我說：「老爸，你為什麼不按個喇叭叫他們快走？」**孩子會模仿、會複製，從他們身上，我們很容易看見自己的真實模樣。**

我們常常批判小孩子缺乏耐心，卻忽略了自己也有同樣的毛病。小孩子沒有耐心是天性，因為耐心要靠後天培養，而培養耐心，首先需要大人的耐心。

我決定要變得更有耐心，想出各種辦法讓自己從等待的焦慮中平靜下來。像是看書、打電話、欣賞風景、調整呼吸，每當遇到一些不耐煩的人事物，我就趁機把他們當作練習耐心的對象。我不敢說這些辦法讓我成為有耐心的楷模，但確實幫助我消除生活中的一些不耐。

做事有效率是好事，但不耐煩卻是不必要的，甚至還會壞事。想想看，你曾經因為不耐煩而得到什麼好處嗎？

想得到任何成果也一樣，我們不會在秋天播種，春天就收成，凡事皆有其時機和步調。印度聖者拉馬克里希那（Ramakrishna）提醒我們：「外殼尚青綠時，若想打開那硬殼，那幾乎不可能辦到；但外殼一旦成熟，只需輕敲，它就應聲而開了。」

許多年輕人才開始做一些事就問：「我這樣努力何時會得到成果？」我說：「你現在才剛發芽，就已經在問何時開花？蝴蝶何時會來？」

美好事物需要一些時間慢慢到來，然而很多人卻太早、太快就放棄了，你要學會耐心等候。

PART 3

低頭有勇氣，抬頭有志氣

只問得到什麼，不問失去什麼。
即使感情到頭來一場空，也活得很精彩，
縱然人生是白忙一場，也忙得很快樂，
就算沒得到最終想要的結果，也從中得到人生的智慧。

做一個最好的自己

世界是個美麗的大花園，花園裡有千百萬朵花，不管你是什麼花都不重要，重要的是，做一個最好的自己。

也許你是一朵玫瑰，也許你是杜鵑，也許你是牆邊的野薑花。每朵花的形狀不同、顏色不同，花開的時節不同，需要的肥料、水分、氣候也不相同。既然是不相同的，就不應該比較或是跟隨別人，應該根據自己的特色來成長開花。

一個人的存在價值，不在於變成什麼，而在於花朵有沒有開。「我書讀得不好，但我很會畫畫。」那就去發展自己畫圖的天分；「我的動作很慢，可是我很仔細。」那就從細心這項才能去發掘；「我沒有很高的學歷，但我很有創意。」那就好好發揮創意，努力讓它開花。

我發覺**有些人不快樂，是因為無法肯定自己，不知道自己的優點在哪裡，他們通常只會想到自己的缺點而自卑。**美國蓋洛普公司出了一本暢銷書《現下，發掘你的優勢》。蓋洛普的研究人員發現，大部分人在成長過程中，都試著「改變自己的缺點，希望把缺點變為優點」，但他們卻碰到更多的困難和痛苦；而少數最快樂、最成功的人的祕訣是，「加強自己的優點，並管理自己的缺點」。

正如魚善泳而鳥善飛，每個人天生就具有不同的天賦和才能，你必須找出自己的。方法很簡單，只要回顧過去的生活中，有哪些事情讓你樂在其中？曾做過什麼事情讓你渾然忘我，甚至在眾人都不為所動時，你仍然陶醉其中？有嗎？

如果想不出來的話，就想想你最感興趣的是什麼？最擅長的是什麼？是運動、唱歌、人緣好，還是工作能力很強……。不管你擅長的是什麼，這就是你的優勢。

那些有傑出成就的人，就是因為他們知道**把精力放在自己最擅長的地方**；同樣的，許多人會失敗，不是因為能力差、努力不夠，而是不懂得發揮所長。

做最好的自己，也不一定是要出什麼「名」，當什麼「家」，更不需要跟人比高低、比大小。就像人的手指，各有各的用途，各有各的美麗，你不能說大拇指比小拇指好吧？

不論大花、小花，開花的喜悅是一樣的。一個歌手在舞臺上開花；一個家庭主婦在她的家裡開花；一個技工在他工作的地方開花。美國赫赫有名的鋼鐵大王安德魯．卡內基，十二歲時從蘇格蘭移居美國，在一家紡織廠當工人。他的目標是「做全工廠最出色的工人」。因為他經常這樣想，也這樣做，最後真的實現了自己的目標。後來，他當郵遞員，心裡也想要做「全美最傑出的郵遞員」。最後，他的目標也實現了。安德魯．卡內基根據自己所處的環境和地位，塑造出最佳的自己，他的座右銘就是：做一個最好的自己！

只要讓自己今天比昨天好，明天比今天做得更好，天天都在做最好的自己，生命的花朵自然會綻放出光采和芬芳。

如果你不害怕，你會怎麼做？

幾個月前，有個長輩打電話給我，問我是否有時間跟他的兒子亞倫在電話裡談一談？因為公司想調他兒子到澳洲服務，機會非常難得，而且又符合他的背景、經歷與才能，薪水與津貼都不錯，但亞倫害怕離開現有的工作，希望聽聽我的意見。

「要給什麼意見？」我對他的工作並不了解，於是我在電話中問他：「亞倫，我問你一個問題，如果你不害怕，你會接受這份工作嗎？」

他回答：「嗯，我想會吧！」

「那為什麼不給自己機會呢？」我說：「害怕是很正常的，如果我是你，我也會害怕。**但你不能讓害怕來決定你的人生。**」未來充滿恐懼，但也希望無窮，你不去試試怎麼知道？

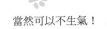

人都喜歡穩定，對於突如其來的變化，往往會抗拒、逃避，不願去面對。但如果因此裹足不前，人生就不可能開闊。

當然，一開始要適應並不是件簡單的事。當年我出國讀書，也是過了幾個月才打開心胸，開始與人互動。我心想：和陌生人交往，最糟的狀況是什麼？了不起就是他們不理我罷了！但如果我連嘗試的勇氣都沒有，就連起碼的機會都放棄了！

於是我問自己：如果把害怕拿掉，我是否會邁開腳步？

答案是肯定的。此後，我開始主動結交外國朋友。這麼做滿恐怖的，可是勇氣就是這麼訓練出來的。我很清楚自己不是不會說英語，只是害怕而已。

以前在課堂上或聆聽演講時，我常想提出疑問或發表見解，卻因為自己太害羞，而卻步不前。

我實在不想再這樣下去，於是我又問自己：「這樣受制於羞怯，什麼問題都不敢問，會拓展我的生活，還是處處受制於它？」、「要是我不害羞，我會怎麼做？」答案很明顯，我會站起來，說出心裡想說的話。結果就像哲學家愛默生說的，**當你去做自己害怕的事，害怕就會消失**。

我想到恐懼（terrified）和美妙（terrific）這兩個字，其實是從同一個字根衍生出來的，它們只有一線之隔。過去，我被焦慮和恐懼壓得喘不過氣，而現在，我竟可以把壓在心裡的話說出來，甚至對大家侃侃而談；這種感覺真的很美妙！

人無法逃離自己的恐懼，不管你如何抗爭、躲避都沒用。你要躲去哪裡？不管你去到哪裡，你都會帶著自己，同時你的恐懼也會跟著你，不是嗎？

有個人，他非常害怕看到自己的影子，每天都生活在恐懼中，所以他決定要躲開它。於是他站起來開始跑，但不論他跑到哪裡，影子都跟到哪裡；他跑得越快，影子也追得越快，直到最後，他整個人都累垮了。

他不了解，只要他走進陰影，他的影子就會消失。反之，就必須一生一世躲著它。

所以，如果你擁有一個很好的機會，不要讓害怕成為阻礙，問問自己：「最壞的情況是什麼？我可以接受嗎？」、「如果我不害怕，我會抓住這個機會嗎？」

如果兩者的答案都是肯定的，那就去做吧！

你儘管害怕，還是要繼續向前，這就是勇氣！

找一些值得效法的模範

教育家與心理學家多年來證實，學習的最佳方法是扮演我們欣賞的人。我探索過無數成功人士的故事，在在告訴我：成功絕非偶然。也許不同領域的成功人士各有其目標和策略，但如果你進一步了解，就會發現，無論他們是高材生、傑出人士、企業領袖，還是明星，都有一些相同的特質。**想獲得成功，最好的做法，就是仔細觀察那些成功者，研究出他們奉行的準則，然後身體力行！**

從你欣賞的同學、同事、老闆、老師，或從媒體、書本和文章中讀到的知名人士，或你目標領域中有傑出成就的人當中，找出幾位做你的模範。仔細解析他們成功的原因，看看你是否欣賞他們的某種想法，相信那就是他們的致勝關鍵？他們在處理問題或人際關係時，是否展現出某種態度？當然，你也可以直接仿效他們。

有人家庭美滿，你可以效法他們的相處之道，並運用到自己的家庭；有人樂觀積極，你可以學習他們的態度；當你面對某種挑戰而不知所措時，你也可以學習他們，問自己：「如果換做他，他會如何應付呢？」

羅斯福在當總統的時候，凡是碰到猶豫不決的問題，就會望著掛在白宮辦公室牆上的林肯肖像自問：「如果林肯處於目前的情況，會如何解決這個問題？」

也許你會覺得好笑，但他認為這是幫助他解決困難最有效的辦法。因為以林肯這位局外人的角度來看事情，不但客觀、超然，更重要的是，林肯總統的歷練、成熟與智慧也值得效法。

有位朋友就運用了這項技巧，在遇到公司的決策問題時，就問：「假如是總經理，他會如何決定？」遇到投資問題，就問金融鉅子巴菲特：「假如是巴菲特，他會如何處置？」

若是涉及情緒或情感上的問題，他就在心裡問一位他景仰的智者：「在這種情況下，師父會怎麼做？」

這招果然神奇，不僅幫他解決許多煩惱，更讓他在混亂時刻保持平靜。

巴菲特說過，**如果知道一個人的榜樣是誰，就能判斷那個人未來會如何。**因為他景仰的榜樣所具備的特質，就是他可以學到的習慣與行為。

為自己找一些值得效法的模範吧！只要你能學好那個人的思考、感受及行為，那麼遲早你會成為像他那樣的人。

表現出「你已經是」的樣子

我們每個人都各自扮演某個角色，然後逐漸相信自己就是那個角色。

拿破崙是法國著名的軍事家，他曾說：「兵士穿上兵士的制服，就變成兵士，將軍穿上將軍的制服，就變成將軍。」所謂的制服並非指制服本身，而是「角色」之意。就像當人落魄潦倒時，看起來就一副喪家敗犬的樣子；而有人成了明星，只是造型服裝一變，就展露出巨星的風采。

十七歲時，就打扮得像專業導演，穿西裝、提著皮箱在環球影城奔走的史蒂芬．史匹柏，現在已是電影界呼風喚雨的人物。流行歌手瑪丹娜的朋友，在她的傳記電視節目中說過，打從一出道，瑪丹娜就表現出宛如巨星的架勢。她沒有一刻不是在扮演「成功藝人」的角色，就連朋友幫她梳頭髮的時候，她都「幻想」自己的頭髮是由專業美髮師打理，而她即將上場演出。

扮演，就是要表現出「彷彿我是」（as if）的樣子。如果你心裡感到害怕，就扮演一個勇敢的人；如果你覺得自己沒有魅力，就扮演受人歡迎的人；如果你很內向、悲觀，就扮演一個很外向、樂觀的人。最後，你自然會變成一個勇敢、有魅力、樂觀外向的人了。

有位化妝品公司的總裁，在接受記者採訪時，說了一段不為人知的過去。她跟先生離婚後，每天無精打采、沮喪不安，總覺得抬不起頭。帶著二個小孩，不知何去何從？漸漸的，身體也常覺不適，甚至找精神醫生治療，最後連醫生都懶得理，朋友也受不了她……。在走投無路的情況下，她下定決心，只要一出門，必定帶著一張快樂的臉，無論是假裝的也好，真心的也罷，就是要開開心心地出門。

沒想到，不僅工作績效大有進步，連身體也不藥而癒。所以她建議大家在出門前「**丟開你的問題，笑一個！**」不要愁眉苦臉。

常有人抱怨讀書枯燥、工作厭煩、人生無趣，但你總是一副意興闌珊的樣子，難道跟你的表現一點關係都沒有嗎？

打起精神！從現在開始，拿出熱誠的態度，讓你走起路來、說起話來、行動起來都充滿熱情；讓周遭每一個人都覺得你熱情洋溢。來，深吸口氣，抬頭挺胸，展露你的笑容，很快你就會發現一切都大為改觀！

如果你對某人或某事已沒有興趣、沒有那個心，很難表現出熱誠，那該怎麼辦？那就先假裝吧！

「假裝」對某人、工作或讀書感興趣，這樣往往會使你的興趣變成真的。這種心理技巧有點像魔法棒，只要反覆練習，它就會變成你潛意識的一部分，不久後，你就不必再假裝，因為你已經是那樣的人。

按照你希望的方向思考

你是否也有類似經驗？怕被老師或老闆點到，他們卻偏偏點到你；不想遇到某個人，卻偏偏遇到他；你擔心比賽或表演受影響，你不斷想著：「千萬不要在這時候感冒，千萬別出狀況！」沒想到就真的發生了。

你想什麼想得最頻繁，就會得到什麼。根據「吸引力法則」，**在你心裡最強的念頭，將會被吸引到你的生活裡，轉化為事實。**

如果你常想著不要變胖，那你很可能會變胖；

如果你總懷疑身體有問題，身體很可能就會出問題；

如果你老是擔心比賽失常，那你比賽就很可能會失常。

你越想避免，就越難避免。一個球員如果心裡擔心會輸，自然無法有最好的表現，結果失分連連也就不足為奇了。當心裡掛記著上一個失分，而無法專心打下一球時，就又丟了一分。於是，他開始擔心：「萬一再打不好怎麼辦？那就完了！」結果他又答對了！

美國資深飛行教練柏尼梅也有相同經驗，他說：「教導新飛行員最困難的地方是，要他們在短而危險的跑道上降落時，只專心注視跑道安全的地方，而不看危險之處。人的天性是定睛在想要避免的障礙和危險上，但經驗告訴我們，飛行員若一直注意危險的地方，遲早就會撞上去！」

這道理很簡單，你想避免，就會去關注；你關注的，就是你最常想的；而你最常想什麼，就會得到什麼。

所以，我一再提醒大家，遇到挫敗時，不要把注意力放在「做錯了什麼」，而要放在「做什麼才對」；不要擔心怎麼「避免失敗」，而要想「怎樣成功」。

生病或不快樂的人，不要老把焦點放在問題上。與其成天想著「哪裡不舒服」，不如想「怎麼讓自己快活」；與其擔心「日子難過」，不如現在就「及時行樂」。

總之，要把注意力放在「你想要」，而不是「你不要」的事物上。一個人需要覺知到自己心智的創造力，不要去想任何「不希望」的事物。

有位高爾夫球員，擊球時總會將球打入水池，所以每次打球，他就不斷修正角度，避免球又落入水池。但打出去的球，還是掉入水池。教練告訴他：「球既然那麼喜歡水池，就讓它去吧！」

他終於領悟，他越想讓球遠離水池，球就越容易掉進水池；不如「按照自己希望的方向思考」，然後朝球道的正中央打去，球反而不會落入水池。

了解了嗎？這就是為什麼心理學家常說，要往好的方向想，要學習正面思考。你不可能老是想一些不好的事，卻又期待得到好的結果，不是嗎？

記住，這是你的選擇

生命充滿了選擇。你可以選擇悲慘或是堅強；可以選擇寬恕，也可以選擇怨恨；可以選擇歡笑，也可以選擇愁眉苦臉。你的生命是什麼樣子、你所處的狀態是什麼，都是因為你選擇了要那個樣子。

同樣是下雨天，有人咒罵到處泥濘，也有人享受雨天的情調。活在同樣的世界裡，樂觀的人總能及時享受陽光，悲觀的人卻時時擔心下雨。**你選擇什麼樣的想法，就有怎樣的人生。**

有位朋友榮升，大家都向他道賀，他卻因為擔心新職務可能帶來的壓力而苦惱，他說：「我沒得選擇。」

我很訝異他會這麼說。**在人生中，每個人都是自由的，我們從來不會沒有**

選擇，從來不會！即使「放棄」也是一種選擇！以這位朋友為例，會讓他苦惱的並不是他選擇接受什麼職位、做什麼決定，而是他選擇了苦惱。因為同樣的狀況，有人並不會苦惱，甚至還覺得開心，不是嗎？

下雨天不會使人苦惱，苦惱的是人自己。如果你因為快要下雨而苦惱，那是你告訴自己要苦惱。當然，這並不是說，你應該自欺欺人說根本不會下雨，或是強顏歡笑說下雨天真舒服。而是你可以問自己：「為什麼我要苦惱？這能幫助我更有效地應付這件事嗎？」

午後的一場大雨，在地面形成一窪窪的小水坑。有個太太帶著兩個年幼的孩子，小心翼翼地避開人行道上的積水。沒想到一輛急駛而過的計程車，濺起一片水花，將三人潑了一身溼。

母親非常懊惱，旁邊的大兒子卻興奮地對媽媽說：「遇水則發，我們要發了。」另一個較年幼的孩子也高興地說：「對啊！有人澆水在我們身上，我們要發芽了。」

正在生氣的母親聽到這樣可愛的童言稚語，也不禁莞爾一笑，三人就快快樂樂地踩著積水回家去了。

失意時，你總是愁眉苦臉。有沒有想過？你可以選擇另一種表情。

被攻擊時，你總是以憤怒來反擊。試過嗎？你可以選擇另一種回應。

挫敗時，你總是陷入失落沮喪。想過嗎？你可以選擇不同的態度。

如果你能專心思索自己當下的選擇，就不會老是抱怨生活變成這副模樣。一旦了解真正問題是出在自己身上，你便會明白：「我沒有理由責怪別人，我了解自己為什麼會這麼沮喪、不痛快；為什麼經常被惹火？以前我總抱怨別人，現在我懂了，這都是我的選擇。」

哲人卡斯特納達說得對：「**我們不是讓自己活得悲慘，就是讓自己活得堅強，兩者所花的力氣是一樣的。**」聰明的你，知道該怎麼選擇吧！

隨時保持歸零思考

「如果人生能夠重來，我會……」

常聽到許多成功人士和病人說，假如能夠重來，我希望多陪孩子和家人、我再也不會忙於工作、我會更注意身體……，也聽過很多人追悔：「早知當初，我就……」

可惜人生僅此一遭，並不會因為我們扼腕、感嘆而重新來過，所以別忘了「隨時保持歸零思考」。

什麼是歸零？就是回到原點思考問題。問自己：如果時間可以倒流，我最想做的是什麼？如果人生可以重新來過，我的選擇（或決定）會不同嗎？如果能夠回到一開始，我會怎麼做？

在人生的每一個階段，我們都應該重新歸零。不論是工作、成績、健康、財富、情感、生活、家庭、人際關係等等，只要是覺得徬徨、猶豫的時刻；只要遇到挫折、混亂的關卡；**只要不知道下一步該怎麼走，就應該重新歸零。**

如果你猶豫自己是否要繼續待在這個行業，就問自己：「如果可以重新來過，我會選擇這個行業嗎？」假如你還是會從事現在的工作，那麼恭喜你，因為你正從事你喜愛的工作。

在交友上，你可以問自己：「如果可以重新選擇朋友，我會跟誰交往？」、「如果可以重新開始，我還會跟他（她）在一起嗎？」這可以幫你了解，誰才是值得交往的對象。

在成績上，你要問自己：「如果讓我重考一次，我會怎麼用功？怎麼準備？」然後照著去做，你的成績就會不斷進步。

在生活和各種人際關係上，你問自己：「如果我早知今天這種結果，而且能夠重頭來過，我會怎麼做？」、「如果我明天要做同樣的事情，我要怎麼做？」

「歸零」是結束，也是開始。比方說，一個失敗的人，他可以回顧自己慘痛的經歷，自暴自棄，但他也可以將「那一天」當成生命全新的開始，就此重生。**歸零也可以幫助我們公正客觀地看事情**。比方說，在選用新進人員，或為員工打考績時，我會問自己：「如果沒有個人喜好或其他關係，我會怎麼給分？」、「假如我現在要重新僱用員工，哪些人是應該被開除的？哪些人我會保留？」

歸零還可以幫我們檢視人生。我們每天都很忙碌、很努力，但你是否曾靜下來想過，人生的意義？你努力是為了什麼？你的努力有達到這個目地嗎？

人生就像一趟旅行，不要光顧著往前衝。每到一個地方，就要停下來看一看，這是我要去的地方嗎？前面還有路可走嗎？路是越走越好，還是越走越崎嶇呢？一路上有沒有注意到周遭的風景？是否遺忘了什麼？

有時，驀然回首，你會感到驚訝自己怎麼走到這一步？

所以，別忘了隨時保持歸零思考，就像電腦出問題時，通常重新啟動就能恢復正常。我們也應該隨時回到開始，再重新出發！

只問得到什麼，不問失去什麼

人要改變很難，因為每個改變都會讓人失去某些東西，除非你能從中發現得到什麼。

比方說，你想改變飲食習慣，不再吃炸的東西或喝飲料，對你來說可能失去了享受美食的樂趣，但跟你得到的相比較，這些損失根本就不算什麼。以後，你再也不會有腸胃脹氣和胃灼熱的問題，血脂下降，體態也越來越美，更不必擔心癌症上身。

再舉個例子。你想要每天早上晨跑半小時，這意味著你每天得少睡半小時，除非你想著晨跑的好處，像是晨跑讓你一整天都充滿活力和創意；一早出門當大家還一臉睡意，你已經神采奕奕。不然恐怕無以為繼。

能改變自己的人和其他人的不同之處在於：成功者只問得到什麼，不問失

去什麼。

最近，有個學生把論文投稿某個頂尖的期刊，而收到的評論讓她簡直無地自容。她受到了嚴厲的批評，這不僅傷了她的自尊，也讓她失去自信。時間一天天過去，但她一直提不起勇氣再看那些評論，更別說修改論文了。

「那些評論沒讓妳得到任何東西嗎？」聽了我的提問，她一時沒反應過來。

「世界不會在意你的自尊，人們看的只有你的成就。在你沒有成就以前，切勿過分強調自尊。」

接著我引用比爾．蓋茲給年輕人的警言，並勸她改變自己的心態。「其實，這些批評並非針對妳個人。他們的職責本來就是要挑出各種可能的疏失，而妳的職責就是從批評中學習，讓妳的論文更好。」於是她開始著手修改，最後對方也欣然接受。她告訴我：「以後我不會在意他們怎麼批評，因為那是他們的本分，而我要做的就是做好自己的本分。」

這就對了！盡多少本分，就能得多少本事。記得有位哲人說，任何學習，都不如一個人受到屈辱時學得迅速、深刻、持久。所以，**對你好的人是在「幫你成功」；折磨你的人則是在「逼你成功」**。只要你能在磨難中看到事物積極的一面。

我認識一位學者，出生不久父親即離家出走，歷經坎坷，也曾陷入自怨自憐的束縛。「還好後來我改變了心態，」他說：「我想我不能一直抓著生命的傷痛，應該去看這個痛所帶來的禮物。這時我才發現，原來在我生命裡，不是只有父親從小棄我而去的傷痛而已！在我失去父親關愛的同時，我的母親一直任勞任怨地扶養我，我得到比別人更多的母愛。」

因為他的一席話，讓我意識到原來自己也接收到不少「禮物」。從小在大家庭長大，常要看人臉色，這讓我比一般人更善於察言觀色；親友的不公不義，讓我更重視公平正義；在求學過程遇到許多挫敗，讓我更懂得體諒和引導學習受挫的學生……。

正所謂「有失才有得」，沒有迷失，就不會有覺悟；沒有失敗，就不會成

功；沒有失戀，就不會知道愛情的滋味；沒有失去，就不會懂得擁有的可貴。

你害怕改變？擔心自尊受挫？還是走不出內心的傷痛？試試看，「只問得到什麼，不問失去什麼。」把心態改變一下，你會發現一切都不同——即使感情到頭來一場空，也要活得很精彩；縱然人生白忙一場，也忙得很快樂；就算沒得到最終想要的結果，也從中得到人生的智慧。

這可能有什麼好處？

「我姊姊的運氣真好！」一個小男孩對另一個說。

「為什麼？」

「昨晚她參加一個派對，在派對上他們玩一個遊戲，輸了的男孩必須吻一個女孩，或是罰一盒巧克力糖。」

「那你姊姊運氣有多好？」

「她帶回三十盒巧克力糖！」

凡事都有正反兩面，雖有不幸或糟糕的一面，但也有好的一面。有一則大家熟知的故事：

兩個賣鞋子的人一起去非洲考察。去到那裡，看到所有人都打赤腳，其中一個愁眉苦臉地說：「糟了，這裡的人都不穿鞋，肯定沒有生意！」另一個卻開心地說：「太好了，這裡的人個個赤腳，賣鞋子的生意大有可為！」是山窮水盡，還是柳暗花明又一村的契機與希望呢？其實，**重點不在事情的好壞，而在於我們能不能看到事物光明和積極的一面。**

人生不可能凡事都一帆風順，每個人在前進的路途上都會遭遇無數問題，甚至跌倒在地。想在困境中保持心情平和，有一個簡便而有效的竅門。我曾試過許多辦法，令人慚愧的是，我自己也常失敗，幸好我遇見一個找到快樂之道的人，他叫科恩博士，在學校裡很多人稱他「快樂博士」。他有一個很精簡的方式，把負面的事情轉成正面。

「每當發生問題時，問自己：『這可能有什麼好處？』」科恩博士建議：「不管你相信與否，至少想想這問題可能有什麼價值。要是真的什麼都沒有，那就用這問題來磨練自己的心性，像是耐心、信心、謙虛，以及同情心……等等。」

「這可能有什麼好處？」每當我這麼問，就很容易從逆境中看到光亮，面對挫折時，也能找到自我激勵的力量，同時用樂觀積極的心態找到另一條路；這真的是打開快樂捷徑的鑰匙。

幾天前，一位學弟跑來問我，他跟部門主管鬧翻了，辦公室裡的同事像見鬼似的，對他避之唯恐不及，他覺得非常沮喪。大家都選邊站，而且竟然只有一、兩個人願意相挺。

我能幫什麼？於是，我要他試著想，在這麼不愉快的情況下，有什麼正面的訊息？這可能有什麼好處？

「這怎麼可能有什麼好處？」一開始他有點不以為然地說：「沒有！」然而，心知這樣的想法無濟於事，所以他勉強擠出兩種可能：「我終於知道哪些人很現實。」還有「沒人理我，日子比較清閒。」

「這不是很好嗎？」我說：「現在你看出誰才是真正的朋友。以前你不是常抱怨公司某些人難相處，現在正好替你解決掉這些困擾。另外，你還多出不少時間，可以做自己的事。恭喜你！」

所有負面的事，都有解決的辦法。你只要轉換新的想法，就能讓每件事變成好的經驗。一切扭轉的開端就在：「**我該如何看到事情好的一面？如何讓逆境轉為順境？**」這問題的答案會賦予你新的選擇，帶來全新的視野！

當生命遞給你酸溜溜的檸檬，你只要加點糖，就變成好喝的檸檬汁，不是嗎？

太在乎，你就輸了

經常，我們會被別人一個不善的眼神和表情，一句不中聽的話，或是一個惡意的行為，搞得心浮氣躁，且愈想愈氣。

這是因為你太在乎，總認為別人的話是針對你說，總以為每一件事都跟你有關。你太認同別人，因而把任何的「雞鳴狗吠」都當做是衝著你來。

人家瞄了你一下，你就受到打擊，然後他說了一些你不喜歡聽的話，你又不高興，你氣呼呼的還以顏色。事實上，**別人要怎麼想、要怎麼說你，那真的不關你的事，因為腦袋和嘴巴是長在他的頭上，你能怎麼樣？**

以前，辦公室內有個 EQ 低的同事，常常把氣氛搞得烏煙瘴氣，有天我實在受不了，因為他未經同意就翻動我桌上的東西。

我去找他理論，沒想到，他反怪我小心眼，還雷霆大發說：「他懷疑我拿走他的東西。」真是惡人先告狀。後來，我突然意識到，這個人只是好鬥，何必跳進去跟他打混仗，搞得自己滿身爛泥？

有這樣一個故事：一隻老鼠向獅子挑戰，要和獅子一決高低，獅子果斷地拒絕了他！「怎麼你怕我了啊？」

「嗯，很怕！」獅子說。

老鼠不解地問為什麼，獅子說：「如果我接受你的挑戰，你就可以得到曾與獅子比武的殊榮，而我卻被人恥笑曾與老鼠打架！」

老鼠競賽最大的問題是，即使你贏了，你仍是一隻老鼠。

與傻瓜論短長，自己便成了傻瓜。如果動不動就生氣，充滿了怨氣，只會消耗你的能量，擾亂了心情，奪走了健康，折損了壽命，傷害到的是自己。**想氣你的人，你越氣他越得意。不在乎你的人，你再氣也不在意。**

曾讀到一個真實的案例，兩戶人家發生一點爭執，然後其中一戶破口大罵，而且罵得很難聽，一直不停地罵，而另外一戶，很悠閒地曬著太陽，既不搭理對方也不做任何的回應。罵人的最後筋疲力盡，反而把自己給氣壞了。

沒錯，只要不在乎，別人就傷害不了你；只要你不生氣，生氣的就是對方。

李敖講過一段話非常真切，他說：不要過分在乎身邊的人，也不要刻意去在意他人的事。在這世上，總會有人讓你悲傷、讓你嫉妒、讓你咬牙切齒。並不是他們有多壞，而是因為你很在乎。所以想心安，首先就要不在乎。你對事不在乎，它就傷害不到你；你對人不在乎，他就不會令你生氣。在乎了，你就已經輸了。什麼都不在乎的人，才是無敵的。

「獅子永遠不會回頭，聽狗吠。」丟石頭到很深的河流，並不會激起大水花，只有那淺淺的水才會水花四濺。

PART 4

放飛心情，放空自己

我們一直以同樣的劇本，同樣的模式，在演同樣人生，
直到有一天你學會用新的方式、新的態度在過相同的日子時，
就可以瞬間改寫劇本，過著全新生命。

這個人是在教我什麼？

假日陪兒子去打棒球，可能是太久沒練習，一連幾球都是暴投，害他頻頻撿球，其中有一球還丟到他身上。我覺得很懊惱，自己怎麼這麼遜，同時也一直跟兒子說抱歉，但他完全沒生氣，還說沒關係，再多丟幾球也許就順手了。

我感到很慚愧，想到他以前把球丟偏時，常被我數落，更別說是丟到我身上了，我想我絕對會不高興，少不了念他幾句。

孩子教了我什麼？我想，就是對人無心之過的寬容吧！

人生就像一所學校，我們的老師不只會出現在課堂、或深山的某個茅屋裡，對象也不一定是長輩、師長，可以是同學或晚輩。正所謂學無止境，活到老學到老！

孔老夫子說：「三人行，必有我師焉，擇其善者而從之，其不善者而改之。」**每個人都有值得我們學習的地方，當看到別人的優點，就要虛心學習；看到不善的地方，則要當作借鑑，改掉自己的缺點。**

我每次與人發生不愉快，特別是被激怒的時候，就問自己：「這個人是在教我什麼？」

比方說，請人幫忙，對方卻漫不經心。如果我想：「要做不做的，真看不慣……」心裡就很不舒服。但我深深吸一口氣，再問自己：「這個人是在教我什麼？」他在教我耐心、包容，教我凡事要靠自己。

有人無理取鬧，說些不負責任的話，我就問自己：「這個人是在教我什麼？」他是在教我沉默，教我不必把別人的話放在心上。

某人說一套，做一套，陽奉陰違。「這個人是在教我什麼？」他教我看清事實真相，教我做人要誠信。

黎巴嫩詩人紀伯倫說：「我從饒舌者那兒學會了沉默；從偏狹者那兒學會寬容；從殘忍者那兒學會仁慈。對這些老師，我理當充滿感激。」

只要我把每個人當成老師，就比較不會因為別人的言行，而感到挫折、煩惱或生氣，看待事情也會變得更寬容和慈善。

在佛教的傳統裡，修行者常會提醒自己，佛陀無處不在；許多基督徒也看見耶穌或上帝的聖靈，在所有的存在中閃耀。只要記得這個道理，我們便可在凡夫俗子中發現智慧的老師。

面對在門診與病房陪伴的家屬們，從他們焦急無助的眼神裡，我看到人生的真實、殘酷、愛恨情仇與悲歡離合，於是我學會更珍惜生命，更體諒所愛的人。

看著醫院的護士們，被袖手旁觀的家屬呼來喚去，被心情不好的病人罵來吼去，還要「忍辱負重」地幫無法行動的病人把屎把尿，但在家屬千恩萬謝醫術高超的醫生後，卻遺忘了她們。於是我學會給默默付出的人多一點尊重，多一分感恩和掌聲。

有位醫院的志工說得好：「常有人問我：『你是吃飽太閒嗎？沒人要做的工作你搶著做還那麼開心？』的確，我是傻傻地做，而且很開心，一做就是十幾年，因為我服務的病人都是我的老師；每個人生故事都教導我更謙卑、更感恩、更惜福。」

我完全同意。**當學生準備好時，老師便無所不在。**

在你生活中，是否有某個讓你不滿、厭惡，或讓你覺得很累贅的人？那人有沒有可能是來教你什麼的？想想看，除非你先掃除心中的不滿和厭惡，否則你永遠不可能學會。

問自己：「如果是愛，我會怎麼做？」

有人說，愛是不講道理的。這句話聽來似乎沒道理，卻很真實。只要回想上一次你與另一半鬧得不愉快的情況，或是看別人夫妻怎麼爭吵，你就會很清楚，**吵架是因為有太多道理**。你自認有理，對方也有自己的道理，於是就起了衝突。有對的一方，就有錯的一方，為了分出軒輊，架就這麼吵起來了。

我認識一對夫妻，兩人常為了誰該洗碗而爭論不休。丈夫認為老婆不體諒，「我每天出去工作那麼累，怎麼回來還要洗碗，真是不講理！」

「你才不講理呢！我帶兩個小孩，每天從早忙到晚，你就不能體貼點嗎？」妻子也忿忿不平。

雙方都認為自己有理，因此每餐飯後，兩人就把髒碗盤往水槽裡一擱，隔天的碗盤繼續堆上去。直到夫妻之中有人受不了了，憤怒地洗完所有碗盤，然後再對對方發飆。

這真的很奇怪，當我們談到愛，多數人都願意為對方付出一切；願意賺錢養家、帶小孩，甚至連器官都可以捐給對方。但一講起理來，卻連六親都不認。為什麼？

因為**愛是講情，而不講理的**。你可以對一個粗心的太太說一堆大道理，或是對一個懶散的先生念一整個晚上，但他們還是依然故我，對嗎？

有位同事告訴我她的經驗：「遇到爭理的時候，我就跟我先生撒嬌說：『我們之間只講情，不講理，好嗎？』」後來她發現，真的，夫妻間很少再爭吵。

還有一回到朋友家，他和太太正為某些問題爭鋒相對，我個人覺得朋友比較有理，但不知怎麼，當太太一翻臉，朋友馬上兵敗如山倒。

事後，我好奇地問他：「你怎麼不據理力爭？」

他反問我：「爭贏了又怎樣？」

是啊！就算贏了對方，卻輸掉了感情，那又有什麼意思？

所以，每當有人問我關於愛的問題，我就會建議他們問自己：「如果是愛，我會怎麼做？如果是愛，我會怎麼決定？如果是愛，我會怎麼處置？」**只要回到愛裡面，正確的答案就會自動顯示出來。**

以前面的例子來說，這對夫妻最終找到了答案——兩人都學會以「感情為重」。有天太太工作忙得焦頭爛額，先生回來時看到家裡一團糟，正想發脾氣時，想起我告訴他的話，於是問自己：「如果是愛，我會怎麼做？」他知道答案了，於是開始把家清理乾淨；他選擇做講情而非講理的人。

而太太在用完餐後，也想起：「如果是愛，我會怎麼做？」因此不但主動把碗盤洗乾淨，還問先生要不要喝杯咖啡。

這就對了！假設你發現對方執著於某個問題，而你不喜歡這一點，你認為他會放掉那個執著嗎？不，絕對不會！你去爭吵只會讓他更執著。你必須為對方找到愛，在所有關係發生問題時，就算明明是對方的問題，你也必須「以感情為重」；問自己一個問題，那就是：此刻愛能做些什麼？

只要支持，不要指責

一位太太開先生的車出門，在巷口與對向來車擦撞，車子掛彩，心裡又氣又急，沮喪萬分，更擔心先生的反應。

如果你是先生，你會怎麼說？

有的先生心疼愛車，一味指責：「妳怎麼不小心點？」、「妳這個人就是這樣粗心大意！」甚至連陳年舊帳都翻出來念。

假如，做先生的換個說法：「人有沒有怎麼樣？只要平安就好！」、「好啦，別再想了，我請客給妳壓壓驚。」這樣太太必然非常感動！

《論語》說：「成事不說，逐事不諫，既往不咎。」已經做完或做過的事，就不必再責怪了。已經過去了，就不要再放在心上，不必再追究。

本來，人非聖賢，孰能無過。**你想指責別人的某個地方，請明白，那也是**

你最能支持他們的地方。

有個月明之夜，老禪師出來巡視，走過後院的小樹林，看到一個小木凳擱在牆角下。禪師明白，一定又有哪個小和尚溜出去玩了。

禪師不動聲色地搬走椅子，自己背對著牆，蹲了下來。春寒料峭，尤其是子夜時分，更加寒冷徹骨，禪師依然悄無聲息地蹲在那裡，一動不動。

過了兩個時辰，牆外傳來一陣攀爬的聲響，禪師知道小和尚回來了，更把背用力挺了挺。

翻牆而過的小和尚憑記憶在原來放小木凳的位置踩下，等他藉著禪師的背落到地面時，才發現他剛剛踩的不是木凳，而是平時嚴厲的禪師。

嚇得面如土色的小和尚瑟縮在一邊，等待禪師雷霆大怒地訓斥。

沒想到禪師站起來，只是拍了拍小和尚衣上的塵土，語氣輕柔地講：「小心著涼，下次出去衣服多穿點。」

小和尚剎那間淚流滿面，從此之後，寺裡再也沒有小和尚偷跑到外面去玩的事情發生了。

當你想指責的時候，記住，那也是你最能挺他們的時候。

想想看，如果老師對學生說：「你太差了，我不想教。」那老師到底是做什麼的？如果醫生對病人說：「你毛病太多，我無法幫你。」那醫生到底是做什麼的？

當你的伴侶、兄弟姐妹、孩子、朋友做對的時候，任何人都會接受他們，但當他們犯錯，不被接受的時候，你是怎麼做的？如果你無法支持他們，那你和別人又有什麼差別？

有一個登山隊伍，路過一處很高的陡坡，其中有兩個女孩爬得十分吃力，大夥在上頭指指點點，這時，領隊放下背包，對女孩說：「妳們踩在我的肩膀，跳上去。」等女孩順利爬上，領隊對其他人說：「碰到困難時，不是需要你的指點，而是支持。」

沒錯，**當人犯錯的時候，就是他們最需要你相挺的時候。**

接受，他就是那樣

辦公室來了一個新工友，做事非常「徹底」。不管做什麼事，她都喜歡一次搞定。例如，桌上有一個茶杯要洗，她就會把所有的茶杯都一起洗掉；地上有一點汙漬要擦，她就把整間地板都擦一遍。她說：「只要看到一點髒亂，我就不舒服！」、「既然要做，乾脆就全部做！」但是，她過分認真的表現，讓其他同事相形見絀。他們擔心主管會誤以為他們不夠努力，所以開始排擠她。

主管知悉後，便對大家說：「我知道你們很努力，而且非常負責，我都看見了，只是『她喜歡這樣做』，這是她的個性，她多做才會快樂，那就讓她快樂。她快樂，你快樂，大家都快樂，不是很好嗎？」

人們常問，要怎麼與人和諧相處？

我的回答很簡單，**只要順其本性，就是最好的相處之道。**

有位朋友很氣他的上司，而他的怒氣讓他跟上司關係惡化，「我快受不了了，你知道他有多吹毛求疵嗎？從沒見過那麼小心眼的人！」

我首先告訴他，他的怒氣是來自他自己。「沒錯，你的主管很小心眼，他很愛吹毛求疵，但他本來就是那樣的人，他只是依著他的本性做而已。」我要他反過來想：「你為什麼期待他有所不同呢？」

狗在吠很吵，但狗本性就是這樣，「為什麼牠不能叫？」你只要了解、接受這個事實，牠的叫聲就不會影響到你。

我想起一位讀者，她寫信告訴我：「剛結婚時，我真的過得很痛苦。因為先生脾氣很大，做事一絲不苟。我每天都戰戰兢兢的，也常為此吵架，每次想到他，我心中就有許多委屈與憤怒。

「後來我想通了，我先生就是因為這種做事態度，才有今天的成就，而脾氣大也是求好心切，這就是他的個性啊！我為什麼要期望他不一樣？」

每個人都依照自己本性過日子，你也依照自己的本性過日子，這沒有什麼不對，沒有理由別人都要跟你相同，不是嗎？

人與人會產生對立、衝突，往往是因為我們用自己的標準來衡量、批評別人。這種情況在家庭尤其嚴重。夫妻常用自己的標準來評斷對方；父母親則用自己的標準來要求孩子；婆媳間更是如此，婆婆對媳婦有一長串的不滿，媳婦也舉出一大堆婆婆的罪狀。彼此間總是一副隨時要開戰的樣子，動不動就說：「你看，你就是這樣！」不然就是從期望變成絕望，「算了，再努力也沒用，乾脆大家一起擺爛！」

但是，你早知他是這樣的人，何以每每還是為對方的惡劣行徑感到驚訝？這麼多年都過去了，為什麼還期待對方會改變？

曾讀過一則故事，大意是：

有一對夫妻，因為事業上的需要，兩人經常一起到國外出差。但這個妻子很糊塗，總是忘東忘西，好幾次到了機場，才發現沒帶護照。最後兩人不是匆匆忙忙趕回去拿，就是錯過班機。結果都是一路吵到國外，甚至差點為了這事分手。

後來，他們再也不為這事吵架了。朋友感到很訝異，以為是妻子改掉了健忘的習慣，結果不是。這位丈夫笑著說：「她的糊塗一輩子都不會改，沒救了！是我『認了』，出國前乾脆幫她把護照收好，問題就解決了！」

接受，他就是那樣。那麼原本的問題，就不再是問題。當你不再期待，你的心就會平靜下來，這就是和諧相處之道。

生氣時，慢一點再反應

我自認個性開朗，很少生氣，可是，每次生氣，總會做出讓自己後悔的事，或是說出讓自己後悔的話。

每後悔一次，我就會暗自檢討一次，希望下次生氣的時候，不要做任何傷人的事或講傷人的話。但多次經驗下來，我發覺並不容易，因為人在生氣時，多半會失去理智；一旦沒了理智，言行和情緒便會失控。

有實驗證實，**在生氣時，只要延遲一下自己的反應，大約一、兩個小時，氣自然就會消失不見**。令人驚訝的是，有些事情在前一分鐘看起來很氣人，下一刻卻覺得沒那麼嚴重了；或是某些在氣頭上所做的判斷和處置，在氣消之後看來卻完全不同。

我想起人際關係大師戴爾·卡內基的一則軼事。據說有個女人寫信去責罵他，因為他在電臺演講關於林肯的事，裡面提到的很多日期都錯了。那個女人非常喜歡林肯，所以寫了一封語氣非常憤怒的信：「如果你的資料不全，最好先將資料搜集好了再來演講。」

卡內基在當時已經非常有聲望，他看了很生氣，立刻以同樣語氣回了一封信，但因為時間太晚，傭人已經回家，他就把信留在桌上，想等隔天早上再寄。到了早上，他正要把信放進信封時，再看了一次，又覺得：「自己說得有點太過火了。」而且，就某方面而言，她講得也有道理，於是他將那封信撕掉，重寫了一封完全不同的信。

在那封信裡並沒有憤怒，相反的，還感謝她使他覺知到某些錯誤。然後，他又想：「如果在十二小時之內，能有這麼大的改變，那我何不再多等幾天，不必急著寄出這封信。」

於是，他做了一個實驗，再度將信留在桌上。到了晚上，他再度讀它，又更改了其中幾個字，如此到了第七天，它變成了一封情書。

「那個女人其實是個很好的人，」卡內基描述：「她是他一生中最好的朋友之一。如果那天他的傭人還沒走，而原來那封信被寄出，那麼事情會怎麼樣？他一定會多一個敵人。」

人往往因為一時的壞脾氣，輕則失去好友，重則犯下終生後悔的錯誤。憤怒最激烈不過一分鐘，但那一分鐘裡你說出的話、做出的事，往往是用一輩子都彌補不回來的！

所以，請試著延緩怒氣，給自己一點時間沉澱。靈性導師葛吉夫曾有感而發，在他九歲時，病危的父親把他叫到床邊，說：

「孩子，我沒什麼錢，所以沒有留下什麼財產給你，但是，我要把我父親留給我的一句話送給你，這句話你一定要牢記。」父親用微弱的聲音說：「孩子，如果你生氣，不要立刻反應，要等二十四小時，二十四小時過後，你要怎麼說、怎麼做、怎麼反應都可以，但一定要等到二十四小時以後。」說完這句話，父親就走了。

葛吉夫把這句話深深烙印在心裡，每當有人打擊他、侮辱他、激怒他，他就回去靜心二十四小時。

他說：「在我一生中，憤怒從來沒有對我造成任何影響，因為我必須等待二十四小時，而二十四小時之後，我所生氣的事就會變得很愚蠢，有時候甚至發覺原來是自己錯了，這讓我心生警惕。所以我從來沒有因為生氣而樹立任何敵人，或者把原本的問題變得更複雜。」

你可以試試看，或許一開始並不容易，你可以先延緩十分鐘。最初的十分鐘是關鍵，一旦過了，你的氣就已消除大半。下一次，試試延緩半小時，**只要你能延緩發怒，就已經學會了控制**。如此多加練習，直到能延緩到二十四小時之後。恭喜你！你已經是心平氣和的人了。

不說最後一句話

大部分人都把爭吵當成了口頭上的拳擊賽，每說一句話等於是打出了一拳，目的即在擊倒對方。為了爭個輸贏，往往不留餘地、不留情面的，說出許多難聽毒辣的話，造成無可挽回的傷害。

有位高傲的富婆，在一家非常昂貴的餐廳裡，一直抱怨這樣不對，那樣不好。侍者耐著性子直賠不是。

但這位富婆的氣燄反而越發囂張，隨而指著一道菜對侍者說：「你說，這叫做食物？我看連豬都不會吃！」

侍者終於按捺不住，對這位富婆說：「太太，真的是這樣嗎？那麼，我去替妳弄點豬吃的來。」

所謂「是非只為多開口，煩惱皆因強出頭」。不管什麼是非，都是因為口無遮攔引起的，而煩惱都是因為爭強好勝造成的。凡是見好就收，是我們最需要學習的。

你曾為一隻舊襪子或一件物品和小狗拔河過？你拉，牠也拉。你把它從牠的嘴裡扯出來，牠就會再度咬住，還不斷地甩頭，同時對你發出吠叫。你越是使勁地拉，牠越拼命地拉。最後，你把手一放，牠也就不拉了。

有位朋友說，他父母結婚四十多年，經常意見不合，但從不大吵大鬧。我問有何奧秘，他說他父母有個協定，當一個人大吼的時候，另一個就靜靜地聽著。這樣一來，大吼者就像氣球紮了一針，氣全放光了。

「吵」字，是口和少的合併，即告訴大家，**言多必失，更何況是吵架的人，嘴裡肯定說不出什麼好話。少說一句就少傷害一分**。

林語堂與夫人結縭一甲子，婚姻幸福美滿。他的學生一次閒聊中請教他與師母的相處之道，他說：「少說一句，比多說一句好。有一個人不說，那就更好了。」他認為夫妻吵嘴，無非是意見不同，在氣頭上多說一句都是廢話，徒然增添摩擦，毫無益處。

他又說：「怎樣做個好丈夫？就是太太在喜歡的時候，你跟著她喜歡，可是太太生氣的時候，你不要跟她生氣。」

吵架一個人是絕吵不起來的，只要一方沒這個意思，拒絕合作，一個巴掌永遠也拍不響。**時時提醒自己，不說出「最後一句話」，紛爭自然結束。**

專注呼吸

有時候，你會覺得焦躁不安，彷彿有一股莫名的恐懼向你襲來？有時候，你會覺得義憤填膺，只要想起某件事就讓你難以釋懷？放輕鬆，無論你正陷入怎樣的情境，都先把注意力移轉到呼吸。調整你的呼吸，慢慢地吸氣，再慢慢地吐氣，讓節奏放慢下來，你的心情也會平靜下來。

你是否注意過？**情緒的改變會立刻表現在呼吸上**。當你激動時，你以一種節奏呼吸；生氣時，用另一種節奏呼吸；愉悅時，又是另一種呼吸節奏。當你放鬆和緊張時，你的呼吸是完全不同的。你沒辦法用放鬆時候的呼吸來生氣，那是不可能的。

你可以試試看，當你生氣時，不要有任何反應，先深呼吸，放慢呼吸的節奏。這樣一來，你會發現生氣是很困難的。當你的呼吸節奏改變，沒了那節奏，憤怒便消失無蹤。

印度瑜伽中，有一個招式叫「坐禪」。只要靜靜地坐著，讓身心都安定下來，從呼吸開始，將呼吸的速度盡可能放慢，漸漸的，你會達到一個狀態，並突然意識到，隨著呼吸速度放慢，以及身體的靜止，煩亂的思緒也跟著沉靜下來。

平常你也可以利用呼吸來調整你的情緒，只要觀察你的呼吸是如何隨著你的情緒在改變，或是你的情緒是如何隨著你的呼吸在改變。當你焦躁不安時，注意觀察你呼吸的改變，然後，有一天，試著去改變你的呼吸，改變到如同你在焦躁不安時的模式，你會驚訝地發現，恐懼立刻在你內心產生；而當你感到愉悅時，注意觀察你的呼吸，感受那個節奏，然後，有一天，只要你以同樣的模式呼吸，就能再度感受到內心的愉悅。

以下這個「輕鬆呼吸」的練習，你可以每天做。

一、把注意力放在你的呼吸上。

二、做三個深呼吸，感覺空氣充滿腹部、下背部，以及胸腔。呼與吸都要深而緩，但不要撐到極限。

三、吸氣時，體驗你呼吸的平靜；呼氣時，拋開所有的煩惱與不安。遺忘上一刻，拋開下一秒，讓你的心隨著呼吸律動，感覺肩膀、胸部、腹部，整個身體都放鬆下來。

禪定有一項根本原則，就是「看住」（Observation）。不論做什麼，如果心不在焉，沒有看住自己在做什麼，就不是禪。所以，我建議大家要專注呼吸，並一再地看住自己的呼吸。當你把注意力完全集中在呼吸時，心也就平靜下來了。

讓世界來改變我

如果你對現狀不滿，那你有三種選擇：離開它、改變它、接受它。

你必須選擇其一，如果無法離開或改變，就必須接受。

小鎮上有個人，他少了一條腿，只能拄著拐杖走路。一天，他一跛一跛地走過鎮上的馬路，過往的人都同情地說：「你看這個可憐的傢伙，難道他要向上帝祈求再有一條腿嗎？」

那人聽到人們的竊竊私語，轉過身對他們說：「我不是要向上帝祈求再有一條腿，而是要祈求上帝幫助我，讓我失去一條腿後，還知道該如何把日子過下去。」

這就是接受。事實既然這樣，它就是這樣。我們要做的是去**學習如何與現實共處，並在其中感到喜悅**，而不是否定、抱怨或試圖改變。

這不是要大家假裝喜歡災難，或否定自己真實的感受；而是要學習轉化，藉由轉變觀點，學習臣服。這麼說好了，如果你想成為一個傑出的運動員，受訓是辛苦的，雖然很累，但你不會認為這是一種處罰。教練很可能今天獎勵你，明天卻給你嚴苛的要求或測驗。你會接受，甚至感謝，因為你將這視為整體訓練的一部分；我們的「人生遭遇」也是如此。

人們有時會抱怨：「為什麼日子那麼難熬？為什麼我有那麼多問題，這麼多痛苦？」答案是，你沒有從正確角度去看待事物。你不能說：「上天，請給我優異的成績，但不要給我課題或訓練。」、「上天，請給我智慧，但不要給我痛苦。」

痛苦是為了教導、引導我們，並成就智慧。聖經上說：「有火煉的試驗臨到你們，不要以為奇怪。」你不會碰上一個你無法處理的問題，你碰上的問題都是為了讓你體會自己擁有的能力。

人們最大的問題，就是想趨吉避凶；一直想逃避或改變無法改變的事情。

事實上，人來到世間都是為了要學習，你必須受訓、考試，必須面對愛恨情仇，必須處理生老病死，這是你的課題。真正治本的方法不是逃離，而是改變面對這些事情的態度，例如，對病痛的態度、對失去金錢的態度、對愛情的態度……。從愛恨中學會愛自己；從身體殘障中，發現不受限的頭腦；從人生大起大落中，學習放下；從生離死別中，學會愛與珍惜。也就是說，發生什麼事並不重要，重要的是怎麼看你眼前的事。**當你學會從悲劇中找到正面意義，你就頓悟了。**

我們一直以同樣的劇本、同樣的模式，在演同樣的人生。直到有一天，你學會用新的方式、新的態度過日子，就能瞬間改寫劇本，過著全新的生命。

以前我也想改變世界，現在的我則敞開心胸，讓世界來改變我。每次的改變，都代表我的成長。我沒有師父，因為生命就是我的導師。我接受一切發生的事，然後從生活中學習。因為我知道，**在上帝改變我之前，祂不會改變我身邊的人事物。**

記住好事

人很容易注意一些不好的事，卻感受不到生活的美好；老記得別人做錯的事，卻忘了人家做了多少好事。因此，人們的不滿遍布生活每一個層面：我的父母有問題、朋友有問題、身材有問題、讀的學校有問題，就連住的地方也有問題；隔音不好、冷氣不冷、蚊子太多、鄰居沒水準。

曾經有個憤世嫉俗、心中無法平靜的人，求助《奇蹟課程》的作者海倫・舒克曼，問她該如何解除他的種種問題。海倫只回答：「從今天起，每天寫下一件你感謝的事。」

起初他需要思索很久，才想得出有什麼事值得感恩，但日復一日，他逐漸對大自然的美好心懷感激，進而發現許多值得他感激的人與事，到最後，連過往的憤恨也消失無蹤。

為什麼要去感恩？很簡單，因為感恩會讓我們注意好事，帶來好心情。

找一本空白筆記，把好事寫下來。我建議大家每天臨睡前，花一點時間回想今天碰到的好事、做過的好事，寫在你的簿子裡（你不妨稱之為你的「好書」）。

寫這份清單時，請在每個項目前加上：「我很感激，因為……」或「我很感謝，因為……」或簡單地寫「謝謝，因為……」。

例如：

我很感激，因為今天工作順利。

我很感激，因為與家人感情融洽。

我很感激，因為看到美麗的夕陽。

我很感激，因為有許多關心我的朋友。

將每天的好事記下來只是第一步；第二步是要經常把「好書」拿出來溫習。每當你把這本書重新看一遍，你就會記起過去幾個星期、幾個月，甚至幾年來，發生在你身上的種種好事。

感恩是喜樂的種子。你可以多去發掘，把所有事情列成一張清單。不論你擁有什麼，都要記下來；不論你經歷什麼，都要心存感激。一個關懷的眼神值得感謝；一些貼心的舉動值得感謝；一頓恰合胃口的晚餐值得感謝。**即使你身處黑暗，在你身邊仍然有很多值得感謝的事。**

衣服越來越緊，你要感謝，那表示你吃得很好。

打掃房子很累，你要感謝，那表示你房子很大。

接到所得稅單，你要感謝，那表示你還有工作。

責任越來越重，你要感謝，那表示你越來越重要。

欠銀行很多錢，你要感謝，那表示你信用還不錯。

孩子調皮搗蛋，你要感謝，那表示他們很健康、有活力。

情人移情別戀，你要感謝，那表示不愛你的人走了。

有牙齒需要補，你要感謝，那表示你牙齒還沒掉光。

天氣越來越冷，你要感謝，那表示春天不久就會來臨。

幸福並不是你經歷過的事，而是你記住的事。你越去感激，你的抱怨、牢

騷就越少。

英國文學家狄更斯說得好：「人人都擁有許多福分，想一想你現在的福分；人人都會遭遇一些不幸，不要牽掛過去的不幸。」

微小的幸福就在身邊，容易滿足就是天堂。永遠抱著感恩的心，珍惜身邊所擁有的一切，幸福就是那麼簡單！

我能多做些什麼？

我們先來做個快樂的夢吧！

你起個大早，跑去打高爾夫球，沒想到在逆風的情況下，竟以一五〇碼的距離一桿進洞，真是太神了。

你事業有成，是個要什麼有什麼的大富翁。住的是媲美飯店的豪宅，吃的是米其林三星頂級美食。閒來無事就去兜兜風，車子該選藍寶堅尼還是賓士好呢？就看今天的心情如何。人人稱羨的地位，備受推崇的名聲，全部都有了。

不過好像還少了些什麼？那就是和你一起分享的對象。

人心是很奇特的，就算擁有了全世界的財富，遇到最幸運的事，如果沒有人能共同分享，也感受不到多大的幸福。不管再怎麼豪華的別墅或宅邸，一個人住久了也會覺得無聊；再奢華的美食，一吃再吃也會食不知味。這就是為什麼現代物質豐富了，但人心卻越來越空虛——**因為我們少了分享，所以感受不到滿足。**

人非常吝嗇，以為一旦付出任何東西給別人，就不再擁有。我們將世界看成一塊固定大小的餅，當別人拿走一大片，自己的分量就少了，因而非常吝於給予。

然而，整個宇宙的特性正好相反。一個不動的湖水只會越來越少，但流動的河水卻越來越多，因為它把自己給出去，給人們、給農田、給大地、給海洋，它給予越多，就越充沛、越活、越新鮮！

優秀的老師會毫無保留地把知識傳授給學生，當學生素質越高，自己也越學越多。成功的銷售員都知道要努力為顧客服務，而不是銷售商品。只要善待顧客，他們再度光臨的機率就會增加，反之則減。**你為別人做什麼，就是在為自己做。**

當你覺得孤單寂寞，將你的手伸給孤單無依的人，你便不再寂寞。分享的喜樂是加倍的喜樂，分擔的痛苦是一半的痛苦。施與受的好處是均等的。當你抱著一個嬰兒，是誰在散發溫暖，又是誰在接受溫情？付出溫暖的人絕對不會感到寒冷。

在生命中，你總是想要更多，更多的錢、名聲、地位、快樂。然而，你並未審視自己分享了什麼。**只有在你善加利用擁有的東西時，才會被賦予更多；這是自然法則**。從井裡將水提出來，就會有更多新鮮的水湧入你的井裡，豐沛的源頭總是源源不絕。

因此，假如你擁有才華的話，運用你的才華；假如你擁有時間的話，運用你的時間。你奉獻越多，就會被賦予更多的能力。不要說：「我能再多得到什麼？」應該說：「我能多給什麼？」、「我能多做些什麼？」假如你將之轉變過來，你的人生也會改變。

聖雄甘地的墓碑上，刻著下列字句：「想像一個你所見過最貧窮的人，然後問自己：下一個行動是否有助於他？」當我想換手機時，這句話會閃過我的腦海；當我準備花錢吃大餐時，也會即刻想到，在地球上，每年大約有七百萬名兒童，因營養不良而死亡，第三世界國家裡，有一億三千萬兒童沒有去上學……，我能幫助他們什麼呢？

「我應該把錢捐給窮人，而不是去買糖吃。」是的，當你擁有美好的事物時，所要做的第一件事，就是把它分享出去，讓世界因你而變得更美好！有一天，等到你老了，你將會發現，這些事情是你唯一記得的，而其他的事情，你寧願忘記。

PART 3

在心田種花，不是一直拔草

在這個世上，我們永遠不會到達一個地方，在那裡一切盡善盡美。
美好人生不是完美無缺，而是學會欣賞萬事萬物的美好。
是讓自己從「評論家」變「藝術家」。

學習「不求人」

西洋情人節剛過，一位經營花店的朋友透露，那天收到很多訂單，付款者和收花者是同一人。

「這些女顧客一定是訂花送給自己。」他說。

「你怎麼知道？」

「這還用說嗎？因為沒收到花，不就代表沒人愛？」

「那不是沒人愛，而是懂得愛自己，」我反駁他：「因為**愛自己的人，就不必求別人的愛**。」

有位太太，從談戀愛起，便把一切希望都放到愛情上，付出一切，也期望先生能更愛她。

然而，隨著婚禮的完成，所有的浪漫也告一段落。先生收起以往的熱情殷勤，就這樣日復一日、平淡無趣地過生活，久了就連她最在意的生日、結婚紀念日也經常忘記，每每令她傷心不已。

鬧了幾次，先生的冷淡加敷衍，讓她覺得沒好趣，而先生輕蔑的態度，更讓她感到被輕視。

她開始懷疑，先生是否不愛她了？甚至懷疑他有其他女人，整天疑神疑鬼，把自己弄得心神不寧，最後罹患了嚴重的憂鬱症。

這就是不懂得愛自己！

當你不斷地期待別人，背後所隱藏的正是一種「依賴別人而活」的心理。換句話說，你是在「求人」；你把自己交給了別人，讓別人來操縱你。那你便一直需要別人的感情賞賜和施捨，為了想討好別人而扭曲自己、委曲求全，而當你的「要求」被拒絕的時候，你會變得憤怒、挫折、失望、沮喪，甚至覺得備受屈辱。

想要活得快樂有尊嚴，就要學習「不求人」，並回過頭來「求自己」。

怎麼「求自己」呢？很簡單！就從「愛自己」開始。

如果你得不到你所渴望的愛，那就由你自己給自己吧！送自己一份禮物；買一大捧鮮花給自己；去學一些喜歡的才藝；找朋友出去喝個下午茶。與其期待別人給你快樂，不如自己給自己快樂。何必去求人呢？

有個太太，在她丈夫每年過生日時，一定會到飯店訂位子，要求全家大小都出席，還買蛋糕，幫丈夫過個快樂的生日。等她自己生日到了，她也一樣自己掏腰包，全套的過程再來一遍，讓自己過個快樂的生日。

她說：「如果我期待先生幫我過生日，那很可能會造成雙方的不愉快。因為他慶祝的方法絕對和我不同，搞不好還會吵架。與其等他表示，不如自己慶祝比較爽快！」

她是對的，求人還不如求己。如果你餓了，不必等別人來告訴你，或等別人給你食物，否則，你一定經常挨餓，甚至會餓死。

放下預期心理

我最近去開會，到一個停車場停車，剛好看到有人正要把車開出來，於是就把車靠邊停，打著方向燈，準備等這輛車出來後，我就可以停進去。然而，就在我等待的期間，竟有一輛車當著我的面直接卡位。

「這人怎麼這樣，難道他沒看到是我先來的嗎？」當時心裡很不悅，連帶影響到開會的心情。

事後，我回想整件事：我是怎麼回事？整個停車場又不止這個車位，為什麼我會如此在意？原因就在，那是「我準備要停的車位」。

人都有特定的心理習慣，只要周遭的人事物，不符預期，就自動觸發負面的情緒。比方說，你跟某人約好，他卻臨時有事；你準備好出去旅遊，卻突然下起雨；你已預定好到達的時間，路上卻大塞車；你希望收到生日禮物，結果卻空歡喜一場……。這時你的心情就會不好，對嗎？

換句話說，人們之所以會感到不如意，並非有壞事發生，而是因為事情不如我們的預期。

如果你去度假，對某個景點抱持高度期待，然而到達之後，它並不像你想的那樣，你就會失望。問題並不在那個地方，而是出在你過高的期望。

當你對朋友、同事、家人、配偶抱著期望，卻沒有如你所願時，你就會對他們感到失望或不悅。但這不是他們的錯，錯在你抱持的期望；讓你生氣的，是你的期望。

你遇到的問題也一樣。如果你硬要事情符合你的預期，那麼只要不合你意，就會變成問題；你若坦然接受任何當下發生的事，問題就不再是問題，只是單純的人生經驗。這不代表所有的事情都是美好的，但只要能接受事物的原貌，你的人生經驗就會變得全然不同。

西藏有句諺語：「沒有令人失望的眾生，只有陷入失望的眾生。」生活就是這樣，它不是我們喜歡怎樣就能怎樣，這是大家首先要有的覺悟，否則我們將繼續受苦。我們會挫折、難過，並非現實在跟我們作對，而是我們抗拒現實才會受苦。

所以，我總提醒自己，做任何事，不要預期結果。如果太在乎結果，求好心切，壓力自然會產生。**當我們一心一意追求某個結果，只專注於既定的目標，視野就會變得非常狹隘，反而錯失其他可能。**

在感情和人際關係上遇到問題，我則反問自己：「是不是因為我有期待？是不是我預期對方應該做什麼、應該怎麼對我？」我們越能覺察自己的期待，就越能看到問題的所在。

有了這樣的覺悟之後，這些年來，我變得很少生氣，因為我不再期待別人為我做任何事。當別人不肯定我，我不會不開心，因為我不期待他們的肯定。當你放下預期心理，你的不快樂也跟著放下了。

這樣也可以，那樣也不錯

如果你請人幫你買珍珠奶茶，他買回來的卻是檸檬紅茶，你有什麼反應？

一、心情馬上跌到谷底。

二、責怪對方。

三、喝檸檬紅茶也可以。

如果你一定要吃或喝到那種口味，那你的心情當然不會太好，甚至比沒買到更糟。但東西既然買都買了，你還能怎麼辦呢？

幸福人生來自於「給什麼，要什麼」，這點非常重要。因為世事總無法盡如人意，**我們唯有「接受」事實，「享受」現況，才能擁有幸福人生。**

接受，就是從「非這樣不可」的觀點，變成「這樣也可以，那樣也不錯」，沒有一定要怎麼樣。引述德國作家艾克哈特·托勒（Eckhart Tolle）的話：「無論當下發生什麼，請接受它，如同你由衷地選擇它一般。」

飲料喝紅茶也可以，果汁也不錯，白開水也沒關係，不一定要喝珍珠奶茶或咖啡。

慶生去看夕陽也可以，寫卡片也不賴，看電影也OK，不一定要拿到禮物或吃大餐。

週末下雨，在家看書也可以，整理房子也很好，打電話給朋友也不錯，不一定要晴天才能享受週末。

你注意過那些幸福的人嗎？他們的生活並非完美無缺、事事如意，他們之所以如此幸福，**是因為他們願意接受現況；是因為他們總是隨遇而安**，所以問題也就不會產生。

在一個鄉村裡，有對貧窮的老夫婦。有一天，他們想把家中唯一值錢的一匹馬，拉到市場去換點更有用的東西。老頭牽著馬去趕集，他先跟人換一頭母牛，又用母牛去換了一隻羊，再用羊換來一隻肥鵝，又把鵝換成母雞，最後用母雞換了別人的一大袋爛蘋果。

每次交換時，他都想給老伴一個驚喜。

最後，當他扛著大袋子來到一家小酒店歇息時，遇到兩個英國人。閒聊中，他談起了自己趕集的經過，兩個英國人聽了哈哈大笑，說他回去一定會挨老婆一頓罵，老頭子卻堅持絕對不會。英國人就用一袋金幣打賭，於是三人一起回到老頭子家中。

老太婆見老頭子回來了，非常高興。她興奮地聽老頭子講述趕集的經過，每聽到老頭子用一種東西換了另一種東西，就滿是敬佩地稱讚老頭子。

她說：「我們有牛奶喝了！」

「羊奶也同樣好喝。」

「哦，雪白的鵝毛最漂亮了！」

「哦，我們有雞蛋吃了！」

最後，聽到老頭子背回一袋已經開始腐爛的蘋果時，她同樣不慍不惱，高興地說：「太好了，我們今晚就可以吃蘋果餡餅了！」結果，英國人輸掉了一袋金幣。

想想看，當你滿懷渴望卻事與願違時，你會怎麼樣？你能輕鬆放下滿懷渴望的心情嗎？

隨自己的緣

「隨緣」兩字時常聽見，但大家真正了解其中的道理嗎？有人真的能夠做到隨緣嗎？

隨緣，是隨順身邊發生的狀況，自然地應對；不管你有的是什麼，根據本身擁有的條件去發展。

舉例來說，如果你生長在一個富裕的家庭，恭喜你，你很幸運。但從另一個角度來看，也是一種不幸，因為你的心靈成長有限。反過來，如果你生長在一個窮困的家庭，也許在物質生活上是不幸的，但在心靈上卻是最幸運的！因為只有在這樣的環境下成長，你才知道什麼是知足常樂，才能體會什麼是苦盡甘來。

如果懂得隨緣，你就能安然自在。最悲哀的是，你生長在窮困裡，卻羨慕有錢的生活。這樣一來，你只會兩頭空；不但物質得不到滿足，心靈也得不到成長。

很多年輕朋友跟我說：「我不喜歡自己，如果讓我選擇，我希望自己像某人一樣有錢，跟誰一樣聰明，長得像某某人一樣美麗……。」這當然都是幻想，實際上，你根本不可能成為別人，你就是你。

以前我的頭髮烏黑，現在卻滿頭白髮，我也不想啊！可它還是白了，我有什麼辦法呢？我希望兒子沒有妥瑞氏症，但他的身體常出現不自主重複的動作，和發一些怪聲，自己無法控制，我只有坦然接受。

每個人都有他不能改變的事實，比如說，你有個不爭氣的爸爸，你有一個不討喜的外貌，或是得到某種怪病。如果你把自己困在其中，無法坦然接受，那就會痛苦終日；只有隨緣成長，才可能發展出更好的自己。

在日本，有一個小女孩非常地自卑，因為她的聲音天生沙啞，很難聽、很奇怪，甚至怪到沒有人願意跟她做朋友，還常嘲笑她。她非常難過，覺得上天對她太不公平了！

後來，她當了舞臺劇的演員，稍稍找回一點自信。很巧的是，當時日本有個漫畫家叫藤子不二雄，他的漫畫哆啦A夢非常受到歡迎，正準備要拍成動畫卡通。偶然間，他聽到了那個女孩的聲音，便找她來試音，她好訝異！居然有人看上她那引以為恥的聲音？

這個女孩是誰？她就是動畫中的那隻機器貓——哆啦A夢日語版的配音員！

英國生物學家達爾文說得對：「**生存下來的，不是最強的物種，也不是最聰明的，而是適應力最強的。**」

我以前去過美國的新墨西哥州，聽說那裡有個種蘋果的農民，叫詹姆士。他每年都用郵購方式銷售他的蘋果。這一年，時運不佳，在蘋果豐收的時候，突然遭受冰雹襲擊，蘋果個個像長了雀斑，不再光滑美麗。

詹姆士眼看就要血本無歸，突然，他想到一個主意：「為什麼不把這些蘋果的缺點化作它們的特點呢？」於是，他照樣採摘、包裝了蘋果，郵寄給客戶，並在每箱蘋果裡夾一張小紙條。紙條上寫著：「這次的蘋果都長了雀斑。只有戀愛和懷孕的女人，才會長雀斑，所以，它們比過去更甜美！」收到蘋果的客戶都被逗笑了，不但沒有人退貨，甚至還有人追加購買長雀斑的蘋果呢！

生活中有很多人和事，是你的想躲也躲不了，不是你的想得也得不到；這就叫做緣。既然我們無從選擇它發不發生，就不妨以「隨緣」的人生態度來面對。什麼樣的因緣，就會發展出什麼樣的自己，才能走出你自己的路。

把對方想像成小孩

一位護理師來信：自從和初戀分手以後，我覺得我變了很多、大家也覺得我變了。但是我很討厭現在的自己。

已經分手快要一年了吧。現在的我，變得很怕一個人，很討厭一個人。而且面對犯錯，很不能夠原諒，也很容易生氣：對工作、對病人失去耐心。

怎麼樣才能讓我學會寬恕、良善？

當提到良善，在你腦海裡浮現的是什麼呢？有人想到：慈善活動和公益團體，有人想到：是耶穌、佛陀、德雷莎修女。你想到的是什麼人或事，可以以此發心。每個人的內心都有善的本質，你要做的，就是去找回自己內在的良善，也在別人身上看到他們內在良善的部分。

我們都知道寬恕的重要。可是，我們都是凡人，如果內心受創傷，的確很難原諒。但如果我們可以看到那個傷害我們的人，內心也住著一個小孩，就比較容易同理看待。

幾乎所有的父母都有相同的經驗，看著孩子熟睡的臉龐，感受到一種平和單純、油然而生的慈愛。在孩子熟睡當時，我們不必禁止他們吃太多零食，不必因為他們玩手機、電玩而生氣，不必因為他們調皮搗蛋而斥責他們。當他們睡著時，看到他們靈魂的甜美天真。假如我們想引發內在的良善，這是很有效的練習。

保羅．魯斯金博士（Paul Russkin），在《美國醫藥協會雜誌》寫過一篇文章，文中舉例說明「角色轉換」如何造就心態轉變：在一次探討老人精神問題的課堂上，把以下的個案唸給學生聽：

這名病患既不會講平常人講的話，也聽不懂。有時她會含糊不清的叨叨講個好幾個小時，對於人、地、時都毫無概念，但是叫她的名字時，她卻有反應。這六個月來都是我在照顧她，但是她依然對外表毫不在意，也不會照料自己。

她必須讓人餵食，讓人幫她洗澡、更衣。由於她沒有牙齒，吃的食物必須煮得很爛。她幾乎不斷流口水，身上的衣服經常弄得髒兮兮的。她不會走路，睡眠沒有規律，經常半夜醒來，尖聲哭叫，把人吵醒。大部分時候她很友善，也很快樂，但一天會有好幾次無緣無故發脾氣，大喊大叫，直到有人去安撫她。

唸完這個個案，魯斯金問學生會怎樣照顧這名病患。大部分學生說自己毫無辦法。魯斯金微笑說，「我會把照顧這病人當作享受，而你們一樣可以做到。」學生都感到不可思議。然後魯斯金將那名病患的照片傳閱，原來是他六個月大的女兒。

無疑的，**當我們把他人想像成嬰兒或小孩，可以引發我們慈善待人的最佳動機。**

停止怪罪他人

在我們的周邊，經常聽到這樣的聲音：

「都是你的錯。」

「問題是你造成的。」

「該負責的人是你！」

生活不順遂、心情不好，甚至人生失意時，我們會將自己的不快樂歸咎到他人頭上。這樣，可以讓自己覺得好受一點，我們不必為自己的行為、問題或心情負責；但也讓自己成了受害者。因為我們的快樂是掌控在別人的手中，這是我們無法控制的。我們便覺得自己是對現況無能為力，抱怨與憤怒成為我們唯一的選擇。

所以，如果你常不開心，注意一下，是否落入這種「受害者」的心態。或許是你的配偶做了什麼惹惱你，或許是你的朋友讓你失望，也許你孩子不聽你的話……最重要的指標就是聽聽你的話語當中有沒有「怪罪他人」。

有位朋友常悶悶不樂。當我問他生活的不如意，他表示如果周遭的人可以做出改變，心情就會獲得改善。他怪「另一半的家人」，破壞夫妻關係；怪同事把工作推給他……他有對自己負責嗎？完全沒有！如果你假定別人能順你的意，能讀你的心思，並且滿足你的需要，那麼便注定了以後要怪罪他們。

你把快樂的責任交到別人手上，如果對方不負責、不配合，你也就不開心。

想活得快樂，就要負起責任。不管你對自己的生活、工作、在一起生活的人有什麼不滿，首先自問：「我做了什麼造成這個錯？」「我怎麼引起這個問題？」「我做了什麼以致他這樣對我？」「我該怎麼改善呢？我為此事能做些什麼？」

做個實驗，觀察看當你停止怪罪他人以後，會發生什麼事情？**當你把焦點**

放在「別人的錯」，就會一肚子怨氣，經常生氣；而當你開始負責，你就把焦點放在解決問題上，而非抱怨上，心情也隨之好轉。

美國女星珍妮佛・安妮斯頓（Jennifer Aniston）接受一本時尚雜誌採訪，她說，遇到挫敗打擊後，她會允許自己當一天受害者。過完覺得無能為力、自憐自艾的一天後，第二天起床，就重新主宰現況，扛起自己在問題中該負的責任，就算她的責任只有百分之一也一樣。

這就對了！停止怪罪他人，就從他人身上拿回自己的力量。

我應得，我多得

甲不喜歡吃雞蛋，每次發了雞蛋都給乙吃。

剛開始乙很感謝，只是，久而久之就成了習慣，習慣又變成理所當然。

直到有一天，甲將雞蛋給了丙，乙就勃然大怒。

他忘記了這個雞蛋本來就是甲的，甲想給誰都可以。

想想自己是否也犯了這種謬誤，認為父母就應該對我付出及關愛；愛人就應該理解我、體貼我、順著我；朋友就應該站我這邊，情義相挺……。沒有人是欠你的，天生就應該為你做什麼。

很多人常見的問題是，在一起久了，感情慢慢變質變淡？

「一切都是我應得的。」這種想法，常是問題的根源。當你認為父母供你吃是應該的，就不懂得珍惜；你認為孩子聽從是應該的，就會忽略尊重；你認為伴侶應該理解包容，就容易遷怒、亂發脾氣；**如果你把別人所做的一切視為理所當然，感情當然漸行漸遠。**

「一切都是我多得的。」把想法改變後，心態完全不同。因為是多得的，內心充滿感激。當你表達謝意：「謝謝你」、「有你真好」讓對方付出受到肯定，會做得開心，關係自然漸入佳境。

想家人維持和諧親密，試試把「家人當外人」，如果你能如此看待，就不會疾言厲色，甚至不斷苛責、批評，因為你不會認為他們應該順從你、遷就你。你會變得謙和有禮、寬容體貼，家庭必定和樂。

網路讀到一則故事：有個女子應邀到朋友家吃飯，與朋友同住的婆婆，讓她留下了深刻的印象，朋友的婆婆雖然年事已高，滿頭白髮，但仍把自己打點得高貴整潔，而且臉上始終帶著一抹微笑；她與媳婦之間的互動，只能用「相敬如賓」四個字來形容。

媳婦端茶水來，婆婆連忙說：「真是謝謝妳，麻煩妳了。」在餐桌上，婆婆對媳婦的手藝讚美連連，做媳婦的幫婆婆夾菜，婆婆更是不斷地道謝。

女子見狀不由得羨慕起好友，能有這麼一位禮貌且高雅的婆婆，更羨慕她們婆媳之間的互動。

用餐完畢，女子客氣地對朋友說：「真是謝謝妳招待我這麼一頓好菜。」婆婆聽了，也連忙對媳婦說：「我也要謝謝妳做飯給我吃。」

然而婆婆接下來說的話，卻讓女子聽得一頭霧水，婆婆說：「我又不認識妳，妳還對我這麼好，我真不知道該怎麼感謝妳？」

事後，女子忍不住問朋友，為什麼她的婆婆說出這樣奇怪的話？朋友這才說：「其實⋯我婆婆得了老人痴呆症，已經好多年都不認識我了。」

女子聽了不免一愣，但也只能安慰地說：「不過妳們之間的關係依然很好，這樣就夠了！」

「其實婆婆生病前，我們的關係劍拔弩張，無論我做什麼，她都嫌東嫌西，處處看我不順眼；直到她生病以後忘了我是誰，我們的關係才逐漸改善⋯」朋友嘆了口氣繼續說：「這其中的差異在於她生病前，把我當「家人」，她生病後，把我當「外人」啊！」

沒錯，把「家人當外人」，心態從「我應得」變成「我多得」，原本挑三揀四瞬間變成開心感謝的事。就像去買菜時，老闆多給你一把蔥，你會覺得賺到了。

我想要，我只要

人一輩子都不斷的在欲求，總是想要這，想要那。我聽見學生們想要更多的自由，伴侶們想要更多的關心；我聽到一位女孩說，她想割雙眼皮，想身材更好；我聽見一位母親說，她想孩子更優秀，下課除了補英數外，還安排上才藝。

在醫院聽到的正好相反。一個剛考完段考自殺的學生，他母親在急診室嚎啕大哭：她很後悔，後悔太過嚴厲的逼迫孩子，只是她的孩子再也回不來。一位很愛美的女孩，在罹癌後，放化療的過程讓她吃足了苦頭，噁心嘔吐、脫髮，原本美麗的臉也漸漸腫脹，她說，我現在只希望自己能活下來就好。一位車禍的病人，經過幾次手術和復健後，他說，原本我想要的只是能夠走路。卻辦不到。然後我想要只是能夠有知覺。還是沒辦法。最後，我放棄了。

現在想要的只是能夠自己尿尿，而你知道嗎？現在連這個也無法實現。

毫無疑問，和這些人的狀況比較，日常生活中大部份的煩惱是多麼微不足道。那些未滿足的期望，從生死角度來看，又是何其渺小。既是如此，為什麼我們對生活會有那麼多的欲求和不滿？

有句歌詞這麼說：「你不知道自己擁有什麼東西，直到你失去了它。」今天，我們發現孩子成績一落千丈，就覺得世界末日已經到了。但是明天孩子身體出問題，相比之下，成績算什麼？我們滿心期盼的只要孩子健康就行。進一步檢查，發現是惡性腫瘤，這時候我們又覺得只要孩子能活著就好，其他的我們什麼都可以不要。

一個日本朋友，原本與家人關係不好，也很少連繫，當日本海嘯發生時家人分散兩地，在電訊被隔絕的幾天裡，連手機都無法連絡，經過了生離死別的恐懼。等到終於取得連繫，便想盡一切辦法緊緊守在一起，過去的不愉快已不重要。他說，就算有可怕的輻射污染，全家人能在一起就好。

這樣的故事其實不斷上演。「我常抱怨我媽給我傳太多簡訊，但我現多麼渴望能再收到她傳來的簡訊……」「我突然很懷念我先生（太太）的嘮叨……」、「如果我能再聽到我兒子在看電視咯咯笑就好了……」。

「人隨時都會不在，」一位在急診室看盡生命脆弱與無常的同事，有感而發：「我是用自己隨時可能會走」的心態過每一天，去對每一個人，很多事也沒什麼好計較。

對待人要如同見最後一面。假如你知道自己再也見不到你的父母、伴侶、孩子、朋友，你對他們的態度還會一樣嗎？你會沒耐心，愛發脾氣嗎？你還會斤斤計較，繼續批評抱怨嗎？你會在爭吵後，就一走了之嗎？

如果某天你發現自己生命將終了，那些汲汲營營想要的，還那麼重要嗎？

澆花代替除草

我們每個人內在都有一座花園，在這座花園裡存有怒氣的種子，也有愛與慈善的種子。如果你澆灌的是愛，便生出愛的花朵；如果你澆灌心中怨恨的種子，怨恨的雜草便會滋長茁壯；如果你是個易怒的人，那是因為那顆憤怒的種子長期得到灌溉，你應該找到那顆慈善的種子，每天澆水。

你對身邊的人也一樣，不要對負向的種子澆水，找出他們有什麼正向的言行，每天灌溉，這座花園才會愈來愈美麗。

最近重讀了《你的桶子有多滿？》，對書中提到「水桶理論」很有同感，作者舉了一個朋友的例子：

她原本對自己的婚姻很不滿意，幾個星期來一直想辦法要改變丈夫。她抱怨丈夫很少陪她，丈夫立刻為自己辯護。於是她又提起其他讓她不滿意的地方，希望他能改善，導致兩人之間的問題越來越嚴重。

顯然妻子說出對丈夫的失望根本無濟於事，她領悟到這一點，決定嘗試一個實驗：開始注意他的優點和讓她喜歡的地方。這樣做有效嗎？她自己也有點懷疑，但反正試試也沒什麼損失。幾天後她先生回到家時心情明顯變好，兩人的互動也增加了。然後丈夫的關注與體貼漸漸裝滿她的水桶，正如她採取較正面的態度後也讓丈夫的水桶得到挹注。

但最出乎意料的是她發現自己變得比較快樂了，因為現在她的眼光專注的是正面而不是負面的東西。這也使她在與人互動時表現出正面的態度。幾個星期後，她與丈夫開始將這新發現的能量散播給朋友與同事。

就好像你常灌溉花朵，花朵便會綻放開來。不要老是對人的過錯舊調重彈，多發覺他們的優點，說說他們的美德，肯定他們的價值和潛能。即便是小小的善行，也不吝讚美。**當你告訴他們你喜歡、仰慕或欣賞他們的地方，就是在幫**

花卉澆灌；忽略那些你不喜歡的地方，即是讓雜草慢慢枯萎。

電影「窈窕淑女」在片中，兩位教授找來粗俗的賣花女做實驗，打算把她訓練成高雅的淑女。其中有一段對話。女主角對皮克林教授說：「我在希金斯教授面前很想講髒話、動作粗魯，因為他認為我還是菜市場的賣花女，所以我就不想表現得像淑女。但是你不一樣，」她說，「我在你面前很想當一個淑女、言行舉止很得體，因為我知道，在你心目中，我是一位高雅的淑女。」

想想看，一個人在何種情況下比較可能受到你的感召？是被你批判，還是受到你的讚揚？

再想想，有人告訴你他們喜歡你，欣賞你的地方，你會如何回應？你通常會更常做那些事，表現那樣的行為，對嗎？那為什麼不這麼做？

從「評論家」變「藝術家」

人們對完美常有誤解，總認為完美是「努力追求」的過程─假如庭院有雜草，就想辦法拔光；如果對伴侶不滿，就認為對方需要改變；如果事情不合己意，就假定一定是哪裡出問題。我們就像「評論家」一樣，總發覺「事情這樣不對，那樣不好。」終其一生都企圖改善周遭的人事物。但你能夠改變多少呢？古儒吉大師說：那好像是要企圖重新安排天上的雲朵一般。這使你無法快樂，無法打從內心發出微笑，無法愛人以及討人喜愛。它永遠像是根刺般的存在那裡，令人氣惱。

有一次，一位禪師在畫畫時讓他的大弟子坐在身旁，他要徒弟知道，什麼樣的畫才是最完美的境界。所以，他非常的努力，以求最完美的呈現。

然而，奇怪的事，他越是努力，他的畫就越是一團糟。

禪師覺得很不對勁，因為他越是求好心切，犯下的錯誤就越來越多，他不斷地邊畫邊搖頭：「不！這不夠完美。」

他畫了一遍又一遍，直到墨水用完後，禪師說：「你再去準備更多的墨水來吧！」沒想到徒弟出去準備墨水時，禪師畫出了完全的作品。

徒弟回來看到後驚訝地說：「師父，這正是完美的畫作！您是怎麼畫出來的？」

禪師笑了，他說：「我已經知道了，我一直想把它畫得完美的努力，正是讓它變得不完美的原因。」

這也是我想傳達的。**太追求完美，就愈發現不完美之處；看不慣的人和事越多，就越多怨懟不滿，往往活得很累，且一無所獲。**

有位心理學家有感而發寫下：「我曾經認為自己是一個完美主義者，我在每件事之中可以發現最小的瑕疵。接著，我發現我根本不是一個完美主義者。

我是一個不完美主義者。如果我是個完美主義者，我應該看到什麼都看到完美。」

在這個世上，我們永遠不會到達一個地方，在那裡一切盡善盡美。完美不是你努力達到的一種狀態，它是一種活在其中的意識。**美好人生不是完美無缺，而是學會欣賞萬事萬物的美好**。

我聽說，有個人一心想要在自己的院子裡種出一片漂亮的草皮。但是他發現有好幾株蒲公英在跟它作對，而且蒲公英愈長愈多，終於佔據院子的一角。他試了許多方法想把蒲公英從草皮上去除掉，噴農藥、換不同的肥料、把蒲公英一株株連根拔起，最後，他只能求助於園藝店老闆。

「還有別的方法可想嗎？」他問。

老闆回答他，「我的建議是，你該學著去欣賞那片蒲公英。」

說得好！

想成就完美，擺脫壞情緒是以「欣賞讚美」取代「批評責備」，讓自己從「評論家」變「藝術家」。

高寶書版集團
gobooks.com.tw

HL 076
當然可以不生氣　暢銷增訂版
50 個簡單策略，讓你擺脫負面情緒

作　　者　何權峰
責任編輯　吳珮旻
封面設計　林政嘉
內頁排版　賴姵均
企　　劃　鍾惠鈞
版　　權　張莎凌

發 行 人　朱凱蕾
出　　版　英屬維京群島商高寶國際有限公司台灣分公司
Global Group Holdings, Ltd.
地　　址　台北市內湖區洲子街 88 號 3 樓
網　　址　gobooks.com.tw
電　　話　(02) 27992788
電　　郵　readers@gobooks.com.tw（讀者服務部）
傳　　真　出版部 (02) 27990909　行銷部（02）27993088
郵政劃撥　19394552
戶　　名　英屬維京群島商高寶國際有限公司台灣分公司
發　　行　英屬維京群島商高寶國際有限公司台灣分公司
二版日期　2022 年 9 月

國家圖書館出版品預行編目 (CIP) 資料

當然可以不生氣：50 個簡單策略，讓你擺脫負面情緒 / 何權峰著 . -- 二版 . -- 臺北市：英屬維京群島商高寶國際有限公司臺灣分公司，2022.09
面；公分 . --（生活勵志；HL 076)

ISBN 978-986-185-861-6(平裝)

1. 修身 2. 生活指導

192.1　　102009119